新时代妇联干部教育培训参考教材

U0855782

传统文化与女性发展

于光君/著

中国妇女出版社

图书在版编目（CIP）数据

传统文化与女性发展 / 于光君著．-- 北京 ：中国妇女出版社，2021.6
新时代妇联干部教育培训参考教材
ISBN 978-7-5127-1889-0

Ⅰ．①传… Ⅱ．①于… Ⅲ．①妇女工作－中国－干部培训－教材 Ⅳ．① D442.6

中国版本图书馆 CIP 数据核字（2020）第 151455 号

传统文化与女性发展

作　　者：于光君　著
项目统筹：廖晶晶　孔　姿
责任编辑：陈　元
封面设计：吴晓莉　李　甦
责任印制：王卫东
出版发行：中国妇女出版社
地　　址：北京市东城区史家胡同甲 24 号　　邮政编码：100010
电　　话：（010）65133160（发行部）　　65133161（邮购）
网　　址：www.womenbooks.cn
法律顾问：北京市道可特律师事务所
经　　销：各地新华书店
印　　刷：三河市祥达印刷包装有限公司
开　　本：170×240　1/16
印　　张：16
字　　数：180 千字
版　　次：2021 年 6 月第 1 版
印　　次：2021 年 6 月第 1 次
书　　号：ISBN 978-7-5127-1889-0
定　　价：62.00 元

编委会

前言

PREFACE

妇联干部是党的干部队伍的重要组成部分。党的十八大以来，以习近平同志为核心的党中央高度重视妇联干部队伍建设。2015年，《中共中央关于加强和改进党的群团工作的意见》指出，“各级党委要重视抓群团干部培养，全面加强群团干部队伍建设。将群团干部培训纳入干部教育培训总体规划，分级负责、分系统落实”。2018年11月2日，习近平总书记在同全国妇联新一届领导班子成员集体谈话时强调：“要加强妇联干部队伍建设，努力培养高素质妇联干部队伍。”

在以习近平同志为核心的党中央坚强领导下，全国妇联大力加强妇联系统干部教育培训工作，实现了全国妇联机关干部、省级妇联领导班子成员、地市妇联主席培训全覆盖，并积极开展对县乡村妇联负责人和工作骨干的示范培训。党的十八大以来，全国妇联本级共举办妇联系统干部培训班228期，培训近1.8万人次，为各级妇联干部充能提素提供了有力支持。

进入新时代，妇联系统干部教育培训工作面临着新的形势。我国社会主要矛盾发生深刻变化，广大妇女对美好生活的向往更加强烈，期待妇联组织提供更多更好的服务，也由此对广大妇联干部的理论素养、知识水平和专业化能力提出了新的更高要求。自2015年中央群团改革以来，紧紧围绕保持和增强政治性、先进性、群众性，各级妇联持续推进“会改联”，积极推动“区域化”，不断壮大基层妇联组织工作力量，770余万优秀女性作为执委加入基层妇联工作队伍。面对新的形势，加强对广大妇联干部和新任基层妇联执委的教育培训迫在眉睫，也因此，编写一套紧跟新时代要求的妇联干部教育培训教材，成为当前加强妇联干部队伍建设的一项重要任务。

为落实《2018—2022年全国干部教育培训规划》关于加强课程教材建设的要求，贯彻中国妇女十二大提出的着力培养忠诚干净担当、高素质专业化妇联干部任务部署，组织开展“基层妇联领头雁培训计划”，满足各级妇联组织和广大妇联干部的迫切需求，全国妇联决定推出“新时代妇联干部教育培训参考教材”，并于2018年12月正式启动此项工作。

这套教材坚持以习近平新时代中国特色社会主义思想为指导，认真贯彻落实习近平总书记关于妇女儿童和妇联工作的重要论述，紧紧围绕党和国家工作大局，密切联系妇联工作实际，内容涵盖妇联各个领域的主体工作，既包括作为妇联干部必备的理论知识，也包括开展实际工作必须掌握的操作性技能，以满足不同层级妇联干部的需求。

这套教材可作为各级妇联开展干部教育培训的专用教材，也可为各级妇联干部的业务学习提供参考资料。希望各级妇联本着理论与实践相结合的马克思主义学风，学以致用、用以促学，充分发挥教材的学习和教育功能，激发广大妇联干部的学习热情，不断筑牢理想信念，提升专业能力，拓宽眼界视野，增强群众工作本领，把妇联组织建设得更加充满活力，更加坚强有力，做好引领、服务、联系妇女的各项工作，奋力开创新时代妇女事业发展的新局面。

序

PREFACE

独特的文化传统，独特的历史命运，独特的基本国情，注定了必须把马克思主义妇女理论同中国革命、建设、改革的具体实际结合起来，牢牢把握实现中华民族伟大复兴这一当代中国妇女运动的时代主题，坚持中国特色社会主义妇女发展道路。中国特色社会主义妇女发展道路是在改革开放40多年的伟大实践中走出来的，是在中华人民共和国成立70多年的持续探索中走出来的，是在对近代以来180多年中华民族发展历程的深刻总结中走出来的，是在对中华民族5000多年悠久文明的传承中走出来的，具有深厚的历史渊源和广泛的现实基础。

中国特色社会主义妇女发展道路根植于中华文化沃土，立足于中华优秀传统文化所形成的既定历史基础，是新时代中国妇女发展唯一正确的道路。中国妇女事业的发展历程，就是在中国共产党的坚强领导下，以马克思主义妇女理论为指导，传承和弘扬中华优秀传统文化，坚持中国特色社会主义妇女发展道路的历程。

文化是民族的血脉，是人民的精神家园。中华优秀传统文化是中华民族的文化基因和精神家园，是中华民族的“根”和“魂”，是实现中华民族伟大复兴中国梦的重要精神支撑。中国共产党从成立之日起，既是中国先进文化的积极引领者和践行者，又是中华优秀传统文化的忠实传承者和弘扬者。

中国共产党坚持以马克思主义为指导，对中华传统文化进行了创造性转化和创新性发展，并赋予新的时代内涵。独特的文化传统为中国妇女发展提供了丰富的思想资源，赋予了独特的精神特质。只有在具有独特精神特质的中国文化语境中才能准确理解习近平总书记所提出的“要注重发挥妇女在弘扬中华民族家庭美德、树立良好家风方面的独特作用”和“发挥妇女在社会生活和家庭生活中的独特作用”的深刻内涵，才能准确理解发挥妇女“两个独特作用”与男女平等之间的内在契合性。发挥妇女“两个独特作用”是男女平等在社会生活和家庭生活中最具有生命力的体现，是对妇女在社会生活中和家庭生活中独特价值的充分肯定。发挥妇女“两个独特作用”的提出是马克思主义妇女理论中国化的最新成果，也是把马克思主义妇女理论与中华优秀传统文化相结合的最新成果，把马克思主义妇女理论提升到一个新的境界，为新时代妇女发展开辟了一个崭新的理论空间和实践路径。

中国历史是一部辉煌的历史，中华优秀传统文化是一座丰富的宝藏。中华优秀传统文化中蕴含着丰富的男女平等思想，也蕴含着丰富的“自尊”“自信”“自立”“自强”的思想，这些光辉的思想成为男女平等基本国策和“四自”精神的理论渊源。中国共产党“不忘初心、牢记使命”，积极弘扬中华优秀传统文化，为男女平等和“四自”精神注入了新的活力，使中国特色社会主义妇女发展道路彰显出鲜明的中国特色，更好地向世界讲好中国妇女发展的故事。

中国历史不只是帝王将相的历史，也是人民群众包括广大妇女在内创造的历史。中国古代的女子教育形成了独特的体系，培养出许多杰出的女性，她们既为推动社会发展作出了独特贡献，发挥了独特作用，也在弘扬中华民族传统家庭美德和树立良好家风方面发挥了独特作用。她们的事迹载入史册，名垂千古。

妇联组织是党和政府联系妇女群众的桥梁和纽带，联系和服务广大妇女是妇联组织的根本任务，发挥妇联组织在弘扬中华优秀传统文化中的重要作用，促进新时代妇女发展，是中国特色社会主义妇女发展道路的题中应有之义。

目 录

CONTENTS

第一章 妇女发展及其历史性成就

第四章 中国古代女子教育塑造的优秀女性形象及其现实意义

第五章 弘扬中华优秀传统文化，促进新时代妇女发展

第一章

妇女发展及其历史性成就

习近平总书记指出，在革命、建设、改革各个历史时期，我们党始终坚持把实现妇女解放和发展、实现男女平等写在自己奋斗的旗帜上，始终把广大妇女作为推动党和人民事业发展的重要力量，始终把妇女工作放在重要位置，领导我国妇女运动取得了历史性成就，开辟了中国特色社会主义妇女发展道路。

第一节　妇女发展及其相关概念

一、马克思关于人的自由全面发展思想

人的自由全面发展是马克思主义建设理想社会核心的价值目标。马克思是针对资本主义条件下人的畸形发展，提出了人的发展应当是全面发展、自由发展和充分发展。人的自由全面发展应该是每个人在劳动、社会关系和个体素质诸方面，全面、自由而充分的发展，是由自然和社会长期发展赋予每个人的一切潜能的最充分、最自由、最全面的调动。马克思在《1844年经济学哲学手稿》中初步提出了人的全面发展理论，在《德意志意识形态》中第一次正式使用“个人的全面发展”这一概念，明确提出了关于人的全面发展的思想。马克思和恩格斯在《共产党宣言》中进一步指出，人的全面发展是共产主义者的理想目标和共产主义社会的基本原则，这为人的全面发展思想走向成熟奠定了坚实的基础。《政治经济学批判大纲》和《资本论》的出版，标志着马克思主义人的全面发展思想更加成熟。

马克思关于人的自由全面发展中的“人”，不是抽象的人，而是从事实际活动，进行着物质生产实践的人。马克思关于共产

主义社会“人”的自由全面发展，不是指“某一个人”的自由全面发展，而是指“每个人”的自由全面发展。为了实现所有人的自由全面发展，必须有个人的自由全面发展，《共产党宣言》在描述未来社会时，用了一句经典名言：“在那里，每个人的自由发展是一切人自由发展的条件。”马克思关于人的自由全面发展包括三个方面内容，即人的劳动活动以及需求和能力的自由全面发展、人的社会关系的自由全面发展、人的素质的全面提高和人的个性的自由发展。

人的自由全面发展的第一个方面，就是人的劳动活动以及需求和能力的自由全面发展。马克思说：“在共产主义社会里，任何人都没有特殊的活动范围，而是都可以在任何部门内发展，社会调节着整个生产，因而使我有可能随自己的兴趣今天干这事，明天干那事，上午打猎，下午捕鱼，傍晚从事畜牧，晚饭后从事批判，这样就不会使我老是一个猎人、渔夫或批判者。”这样丰富的劳动活动不仅能够使人的劳动能力得到全面的锻炼和提升，而且能够满足人们多样化的需求和自由的选择。人们劳动的场所、时间和地点不再被固定，劳动活动的过程摆脱了强制性的压榨，劳动活动目的不再是产品的异化，而是人自身自由全面的发展。

人的自由全面发展的第二个方面，就是人的社会关系的自由全面发展。社会关系的自由全面发展意味着人们不再受血缘和地缘的控制，每个人可以自由选择自己的交往对象。人们之间交往频繁，互动增加，社会活动范围扩大，每个人都发展各自丰富的社会关系，在世界范围内检验自己的能力，汲取养分，充实自己。

人的自由全面发展的第三个方面，就是人的素质的全面提高和人的个性的自由发展。人的素质包括人的生理素质、心理素质、思想道德素质和科学文化素质，人的素质的提高就是指这几个方面素质的提高。人的个性的自由发展是指人具有能动的高度自觉性和独立的人格。

人的劳动活动能力提高和社会关系高度发展是人的素质全面提高和个性自由发展的条件和基础，人只有在自由地从事丰富的社会实践活动的过程中，才能发挥主观能动性和创造性，提高自身素质，培育独立人格。

马克思认为实现人的自由全面发展需要两个条件，一是无产阶级取得领导权，带领人民走向每个人自由全面发展的共产主义社会；二是在生产力高度发达的基础上消灭私有制，消灭劳动异化现象。马克思在《资本论》中，又设想这个社会是一个“自由人联合体”，是“以每个人的全面而自由的发展为基本原则的社会形式”。

马克思关于人的自由全面发展的思想，是妇女发展的思想基础和理论基础，妇女发展就是妇女自由而全面的发展。

二、妇女发展的内涵

“发展”是一个哲学上的概念，是指事物由小到大，由简到繁，由低级到高级，由旧事物到新事物的不断前进的运动变化过程。矛盾是事物发展的根本动力。“发展”是一个过程，指的是具有积极意义和正面价值的前进过程，没有具体的针对性。

人是自然属性、社会属性和精神属性的统一体。社会属性是人的根本属性。人的属性既然是自然、社会和精神的统一体，那么人的发展就是在社会实践基础上人的自然素质、社会素质和心理素质的发展，在各种素质综合作用的基础上人的个性的发展。马克思指出人的本质是劳动，是一切社会关系的总和。人的发展，实际上又是指人的本质力量的发展，即人的劳动能力的发展，人的社会关系的发展，是人在劳动和社会关系中形成的主体性的发展。

妇女发展是指妇女在劳动、社会关系和个体素质诸方面逐步得到全面、自由而充分的发展；妇女的潜能逐步得到最充分、最自由、最全面的调动；妇女的劳动能力，包括体力和智力、内在能力和外在能力、潜在能力和现实能力逐步提高；妇女的社会关系不断丰富和扩大，妇女的交往内容和交往形式普遍发展；妇女的个性，包括能动性、自主性等不断发展；妇女的主体意识不断增强，妇女的人格不断完善等。总之，妇女发展就是提高妇女的综合素质，促进妇女个性的发展。妇女发展集中表现为妇女综合素质的提高和能力建设的提升。

妇女发展的内涵是一个多元的、复杂的社会范畴。妇女发展关注的是女性自身的发展及其社会地位的提高。具体来讲，就是促进女性对社会、经济、政治和文化生活等领域发展的参与，并获得自身的发展，改进女性的社会生活状况及地位。总之，妇女发展的内涵涉及女性的权利、就业、政治参与、受教育程度和健康水平等经济发展指数，还包括女性的精神环境、价值观念、行为方式、主体意识、道德责任等人文发展状况。也就是说，全方位地赋予女性以发展的权利。妇女发展是绝对发展和相对发展的统一，绝对发展是妇女与社会同步发展，相对发展是男女同步发展。

妇女发展包括三个相互联系的要素：首先，运用性别的观点分析性别问题，并将这些问题作为社会计划的行动目标，从而将性别视角纳入所有的社会计划；其次，支持和扩充女性的公共角色，尤其是女性作为生产者、创收者、管理者、教育者、健康代理人、决策者等的角色；最后，通过妇女参与发展计划和项目的规划、管理和实施，提高女性对发展的参与程度。①

生产力发展是妇女发展的前提和动力，生产力发展不仅为妇女发展创造了物质条件，同时也促使妇女个体生产力水平的提高。教育是妇女发展的重要条件，教育作为传递知识和经验的手段，能够使妇女拥有新的认识能力、劳动能力和生活能力，能够提高妇女的文化素质，使妇女原始状态的劳动力转化为适应社会发展需要的人力资本。完善的健康服务、良好的生态环境，是妇女发展的重要外在条件。妇女参与积极的社会活动和生产活动是妇女发展的实践基础，没有妇女积极的实践活动，就谈不上妇女个人的任何发展。中国特色社会主义建设的伟大实践为新时代妇女发展提供了良好的实践基础。“要坚定不移走中国特色社会主义妇女发展道路，这是实现妇女平等依法行使民主权利、平等参与经济社会发展、平等享有改革发展成果的正确道路。”②“要加强党对妇女工作的领导，坚持中国特色社会主义妇女发展道路，把握实现中华民族伟大复兴的中国梦这一当代中国妇女运动的时代主题，促进男女平等，发挥妇女在各个方面的积极作用，组织动员妇女走在时代前列，在改革发展稳定第一线建功立业。”③

---

① 韩贺南，张健主编：《女性学导论》，教育科学出版社，2005，第223页。

② 习近平等同全国妇联新一届领导班子成员集体谈话[EB/OL].http://news.youth.cn/gn/201311/t20131101_4126610.htm.

③ 习近平同全国妇联新一届领导班子成员集体谈话[EB/OL].http://news.china.com.cn/2018-11/04/content_70113616.htm.

十九大报告进一步丰富和发展了马克思主义关于人的自由全面发展的思想，丰富和发展了妇女发展的内涵，“新时代我国社会主要矛盾是人民日益增长的美好生活需要和不平衡不充分的发展之间的矛盾，必须坚持以人民为中心的发展思想，不断促进人的全面发展、全体人民共同富裕”。强调“人的全面发展”，坚持以人民为中心的发展思想，是化解社会主要矛盾的必然要求，是“发展为了人民、发展依靠人民、发展成果由人民共享”的题中应有之义，也是妇女全面发展的题中应有之义。

三、新时代妇女发展的目标、原则与面临的问题

《中国妇女发展纲要（2011—2020年）》（以下简称《纲要》）明确指出了妇女发展的目标、原则以及妇女发展所面临的问题。

1.妇女发展的目标

《纲要》明确提出妇女发展的目标是：“将社会性别意识纳入法律体系和公共政策，促进妇女全面发展，促进两性和谐发展，促进妇女与经济社会同步发展。保障妇女平等享有基本医疗卫生服务，生命质量和健康水平明显提高；平等享有受教育的权利和机会，受教育程度持续提高；平等获得经济资源和参与经济发展，经济地位明显提升；平等参与国家和社会事务管理，参政水平不断提高；平等享有社会保障，社会福利水平显著提高；平等参与环境决策和管理，发展环境更为优化；保障妇女权益的法律体系更加完善，妇女的合法权益得到切实保护。”

2.妇女发展的基本原则

《纲要》明确提出妇女发展的基本原则是全面发展原则、平等发展原则、协调发展原则和妇女参与原则。

（1）全面发展原则。从妇女生存发展的基本需求出发，着力解决关系妇女切身利益的现实问题，努力实现妇女在政治、经济、文化和社会等各方面的全面发展。

（2）平等发展原则。完善和落实促进男女平等的法规政策，更加注重社会公平，构建文明先进的性别文化，营造良好的社会环境，缩小男女社会地位差距，促进两性和谐发展。

（3）协调发展原则。加大对农村及贫困地区和民族地区妇女发展的支持力度，通过完善制度、增加投入、优化项目布局等措施，缩小城乡区域妇女在人均收入水平、生活质量、文化教育、医疗卫生服务、社会保障等方面的差距。

（4）妇女参与原则。依法保障妇女参与经济社会发展的权利，尊重妇女的主体地位，引导和支持妇女在推动社会主义经济建设、政治建设、文化建设、社会建设以及生态文明建设的实践中，实现自身的进步与发展。

3.妇女发展面临的问题

《纲要》明确指出：“受社会主义初级阶段生产力发展水平和社会文明程度的制约与影响，妇女发展仍面临诸多问题与挑战。”这些问题是，“就业性别歧视仍未消除，妇女在资源占有和收入方面与男性存在一定差距；妇女参与决策和管理的水平仍然较低；妇女受教育程度与男性存在一定差距；妇女的健康需求有待进一步满足；妇女发展的社会环境有待进一步优化；妇女的社会保障水平有待进一步提高。各阶层妇女利益需求日益呈现多元化，城乡区域妇女发展不平衡仍未全面解决。”“经济社会快速发展，既为妇女发展提供了难得的机遇，也提出了新的挑战。促进妇女全面发展，实现男女平等任重道远。”

四、妇女解放、妇女运动和男女平等的内涵

1.妇女解放的内涵

在社会生活中，“解放”是针对压迫和束缚而言的。由于在社会生活中存在着男女不平等，存在着对妇女的压迫和歧视，所以才提出“妇女解放”问题。“妇女解放”特指推翻妇女所受压迫，解除妇女所受束缚，把女性从男女不平等，妇女受压迫、束缚和歧视的状况下解放出来。“妇女解放”不仅要使妇女从阶级压迫和男权制度的压迫下解放出来，还要反对和矫正性别歧视，使女性能够与男性平等地实现自由而全面的发展。因此，“妇女解放”的根本问题是提高妇女在社会生活和家庭生活中的地位，充分发挥妇女的伟大作用，维护妇女作为主体的人的尊严，实现妇女自身的价值。

人们习惯于认为争取“妇女解放”就是争取男女平等，男女平等就是“妇女解放”。但是，“妇女解放”和男女平等不是一个概念，把妇女解放与男女平等完全等同起来显得过于简单。“妇女解放”的基本内容、基本标志和实质就是男女平等，男女平等是“妇女解放”的核心概念，但是，“妇女解放”是一个长

期的历史过程，在不同历史时期，“妇女解放”的内容、目标和任务是不同的。

“妇女解放”至少分为三个大的历史阶段，即阶级解放、社会解放和人类解放阶段。

新中国成立前是妇女的阶级解放阶段，这个阶段的主要任务是消灭私有制，推翻阶级统治和阶级压迫，女性同男性一起实现阶级解放，并在实现阶级解放的过程中，保护妇女的特殊利益，争取实现男女平等。新中国成立后，妇女的主人翁地位和男女平等得到法律上确认和国家政权保护，妇女获得了根本制度性的解放，完成了妇女阶级解放的任务。

从新中国成立到目前，中国妇女处于社会解放的历史阶段，在这一历史阶段，男女不平等现象依然存在，但是已经从根本制度性的男女不平等转化为非制度性的男女不平等，“妇女解放”的任务和目标是，建设社会主义先进性别文化，构建新型的性别平等关系，使妇女平等依法行使民主权利、平等参与经济社会发展、平等享有改革发展成果，依法维护妇女权益，严厉打击侵害妇女权益的违法犯罪行为。

妇女的社会解放必须经过相当长的历史阶段，才能进入人类解放阶段。在这一历史阶段，男女都能同样地实现自由而全面的发展，这是妇女解放的最终目标，也是人类解放的美好前景。马克思说“任何一种解放都是把人的世界和人的关系还给人自己”，妇女解放的实质也在于把人的世界和人的关系还给妇女，即女性从两性不平等的社会关系和社会地位中解放出来，恢复妇女作为人的尊严和独立人格，达到自由而全面的发展。

2.妇女运动的内涵

妇女运动是由妇女广泛参与，为解决特定的妇女问题并推动社会发展进步而开展的有组织、有目标、有一定规模和影响的社会群体行动，其目标是促进男女平等、妇女解放和妇女发展并推动社会的发展进步。社会主义初级阶段妇女运动并不是孤立的运动形态，而是把妇女运动融入社会发展主流之中，既推动社会发展，又使妇女自身得到进一步解放和发展。推进以男女平等为目标的妇女解放和促进以提高妇女综合素质和主体发展为目标的妇女发展，是社会主义初级阶段妇女运动的两大任务。

实现中华民族伟大复兴，是党和国家工作大局，也是当代中国妇女运动的时代主题。妇女运动不同于妇女工作，妇女运动的主体是妇女群众，而妇女工作的主体是妇女组织和妇女工作者，妇女运动是妇女群众的内在要求。

3.男女平等的内涵

男女平等，是指男女的人格尊严和价值的平等及男女权利、机会和责任的平等，是指妇女平等依法行使民主权利、平等参与经济社会发展、平等享有改革发展成果。男女平等基本国策是促进妇女与经济社会同步发展、男女两性平等发展、妇女自身全面发展的一项带有长远性和根本性的总政策，其核心要义是重视和发挥妇女在经济社会发展中的主体地位和作用，推动妇女与经济社会同步发展；在承认男女现实差异的前提下倡导男女两性权利、机会和结果的平等，依法保障妇女合法权益；从法律、政策和社会实践各方面消除对妇女一切形式歧视，构建以男女平等为核心的先进性别文化；将性别平等意识纳入决策主流，切实在出台法律、制定政策、编制规划、部署工作时充分考虑两性的现实差异和妇女的特殊利益。①

五、妇女解放、妇女发展、妇女运动与男女平等的关系

纵观历史，没有妇女解放和进步，就没有人类解放和进步。中国共产党从诞生之日起就把实现妇女解放、促进男女平等写在奋斗的旗帜上。习近平总书记指出，在革命、建设、改革各个历史时期，我们党始终坚持把实现妇女解放和发展、实现男女平等写在自己奋斗的旗帜上，始终把广大妇女作为推动党和人民事业发展的重要力量，始终把妇女工作放在重要位置，领导我国妇女运动取得了历史性成就，开辟了中国特色社会主义妇女发展道路。

妇女解放和妇女发展是辩证统一的关系，互为条件，互相促进。只有争得进一步妇女解放，才能获得进一步的妇女发展，妇女只有在发展中才能争得进一步的解放。组织妇女参与经济和社会发展，在参与中提高妇女发展的水平，这既是妇女发展必由之路，又是妇女解放的正确途径。妇女解放属于人类解放系统工程的一部分，妇女解放是一种思想，也是一种运动。妇女解放的目标没有实现，争取妇女解放的运动就不会停止。在发展中维护妇女权益，在维权中促进妇女发展，是实现妇女解放的内在动力和重要途径。

男女平等是我国妇女发展的重要目标，是衡量社会文明进步

① 国务院新闻办公室于2019年发布的《平等　发展　共享：新中国70年妇女事业的发展与进步》中具体阐述了男女平等基本国策的核心要义。

的重要尺度。男女平等，是实现人的自由全面发展的前提，只有在解放和发展生产力的基础上，坚持以人为本、统筹兼顾，妇女发展与经济发展同步、与男性发展同步才能真正得以实现，才能真正实现男女平等。促进妇女全面发展和男女平等是中国特色社会主义的重要组成部分。

本节小结

马克思关于人的自由全面发展的思想，是妇女发展的思想基础和理论基础。妇女解放和妇女发展是辩证统一的关系，只有争得进一步的妇女解放，才能获得进一步的妇女发展，妇女只有在发展中才能争得进一步的解放。妇女解放的目标没有实现，争取妇女解放的运动就不会停止。男女平等是我国妇女发展的重要目标，促进妇女全面发展和男女平等是中国特色社会主义的重要组成部分。

第二节　学习习近平总书记关于妇女发展的重要论述

党的十八大以来，习近平总书记对做好妇女工作、深化妇联改革、推进妇女事业、促进妇女全面发展作出了一系列重要论述。习近平总书记的一系列重要论述深化了我们党关于妇女运动的规律性认识，是对马克思主义妇女观的丰富和发展，是习近平新时代中国特色社会主义思想的重要组成部分，为新时代妇女工作的新实践提供了根本遵循。

一、对当代中国妇女运动的时代主题作出了准确判断

每个历史时代，都有自己的主要矛盾，都有需要解决的根本任务。这个主要矛盾和根本任务就是时代主题。习近平总书记在十九大报告中作出了关于中国社会主要矛盾转化的重大判断，即"中国特色社会主义进入新时代，我国社会主要矛盾已经转化为人民日益增长的美好生活需要和不平衡不充分的发展之间的矛盾"。正确认识和把握这个新的重大政治论断，对于深刻理解我国发展新的历史方位，实现中华民族伟大复兴中国梦的一系列重大战略部署具有重要意义。

妇女运动的时代主题是妇女运动中带有全球性、战略性和关乎全局的核心问题，妇女运动的时代主题也是随着社会形势的变化而发展变化的。当代中国妇女运动的时代主题是关乎当代中国妇女运动发展方向的一个根本性问题，只有对当代中国妇女运动的时代主题作出准确的判断，才能引领中国妇女运动的健康发展，保证中国妇女运动发展的社会主义方向。习近平总书记以马克思主义妇女观为指导，根据国际国内形势的变化，深刻总结了中国特色社会主义妇女运动伟大实践的经验，对当代中国妇女运动的时代主题作出了准确判断。2012年11月29日，习近平总书记在参观《复兴之路》展览讲话时首次提出“中国梦”。习近平总书记指出：“实现中华民族伟大复兴就是中华民族近代以来最伟大的梦想。”“中国梦”是十八大以来习近平总书记所提出的重要指导思想和治国理念。2013年10月31日，习近平总书记在同全国妇联新一届领导班子集体谈话时指出：“实现党的十八大提出的目标任务，实现中华民族伟大复兴，是党和国家工作大局，也是当代中国妇女运动的时代主题。”

妇联组织是党联系妇女群众的桥梁和纽带，妇联工作要牢牢把握实现中华民族伟大复兴的中国梦这一时代主题，习近平总书记指出：“要牢牢把握这一时代主题，把中国发展进步的历程同促进男女平等发展的历程更加紧密地融合在一起，使我国妇女事业发展具有更丰富的时代内涵，使我国亿万妇女肩负起更重要的责任担当。”[①]“对中国梦，不但要深刻理解其内涵，而且要深入认识在实现中国梦的过程中每一级妇联组织、每一位妇女同志

① 习近平等同全国妇联新一届领导班子成员集体谈话[EB/OL].http://news.youth.cn/gn/201311/t20131101_4126610.htm.

应该怎么定位、怎么作贡献。”[①]中国特色社会主义妇女发展道路是新时代中国妇女发展唯一正确的道路，“中国特色社会主义妇女发展道路是中国特色社会主义道路的重要组成部分，符合我国国情，适应我国妇女事业发展要求，是实现妇女平等依法行使民主权利、平等参与经济社会发展、平等享有改革发展成果的正确道路。”[②]坚持中国特色社会主义妇女发展道路，“发挥妇女‘半边天’作用，支持妇女建功立业、实现人生理想和梦想”，[③]使得“每一位妇女都有人生出彩和梦想成真的机会”，[④]“让性别平等落到实处”，“推动妇女走在时代前列”，“加强全球妇女事业合作”，[⑤]“为全球男女平等事业作出更大贡献”。[⑥]

二、充分肯定了妇女在推动社会发展和进步中的重要作用

历史唯物主义认为，人民群众是历史的创造者，人民群众是物质财富和精神财富的创造者，人民群众是推动社会变革的决定力量。妇女作为人民群众中的重要主体，是推动社会发展和进步

① 习近平等同全国妇联新一届领导班子成员集体谈话[EB/OL].http://news.youth.cn/gn/201311/t20131101_4126610.htm.

② 同上。

③ 习近平在全球妇女峰会上的讲话[EB/OL].http://www.xinhuanet.com//politics/2015-09/28/c_128272780.htm.

④ 同上。

⑤ 习近平在联合国大会纪念北京世界妇女大会25周年高级别会议上的讲话[EB/OL].http://cpc.people.com.cn/n1/2020/1002/c64094-31882299.html.

⑥ 同③。

的重要力量，在推动社会发展和进步中发挥了重要作用，“没有妇女，就没有人类，就没有社会”。[①]

人类社会由母权制社会进入到父权制社会后，就出现了男女不平等的现象，追求男女平等成为人类社会发展中一个永恒的话题，“追求男女平等的事业是伟大的。纵观历史，没有妇女解放和进步，就没有人类解放和进步”，[②]男女平等的实现程度是衡量社会文明进步的重要标志。“为实现男女平等的崇高理想，人类走过了不平坦、不平凡的历程”。[③]妇女是推动男女平等、妇女解放和妇女事业发展的重要力量，正是由于妇女的积极参与和推动，妇女事业发展才取得了辉煌的成就，“从200多年前世界第一份妇女权利宣言诞生，到‘三八’国际劳动妇女节的设立，到联合国成立妇女地位委员会，到通过《消除对妇女一切形式歧视公约》，妇女事业发展的每一步都推动了人类文明进步”。[④]“各国追求男女平等共识日益强化，推动妇女发展行动更趋多样化，妇女生存发展环境不断优化。”“经过持续不断努力，许多以前遥不可及的梦想已经成为现实：全球143个国家通过立法明确规定男女平等，妇女参与政治经济活动在法律上已经没有障碍，妇女接受教育、婚姻自由、职业自由等已经成为社会共识。”[⑤]

无论是在革命战争年代，还是在社会主义建设时期和改革开放时期，广大妇女发扬爱国主义精神和“四自”精神，对党和人

① 习近平在全球妇女峰会上的讲话[EB/OL].http://www.xinhuanet.com//politics/2015-09/28/c_128272780.htm.

② 同上。

③ 同上。

④ 同上。

⑤ 同上。

民的事业作出了卓越的贡献，发挥了重要作用，是我们革命、建设和改革的重要力量。“我们党带领人民不懈奋斗的光辉历程，每一个胜利都有着广大妇女的积极参与和卓越贡献。在血雨腥风的战争年代，广大妇女辛勤劳作、踊跃支前，许多妇女巾帼不让须眉，跃马横刀，驰骋在枪林弹雨的战场上，建立了可歌可泣的卓越功勋。在如火如荼的建设时期，广大妇女走出家门、参加生产，发挥聪明才智，挥洒热血汗水，为各项建设事业作出了突出贡献。在改革开放历史新时期，广大妇女解放思想、自强自立，勇于开拓进取，热情拼搏奉献，成为改革开放和社会主义现代化建设的重要生力军。广大妇女对党和人民事业的贡献不可磨灭。”①“妇女事业始终是党和人民事业的重要组成部分，我们要理直气壮讲中国妇女事业取得的伟大成就。”②中国特色社会主义事业进入新时代，“我们面临的任务更加繁重，面向的目标更加远大，更需要我国广大妇女贡献智慧和力量”。③“我们必须根据形势和任务发展变化，加强和改进党的群团工作，把工人阶级主力军、青年生力军、妇女半边天作用和人才第一资源作用充分发挥出来。”④

① 习近平等同全国妇联新一届领导班子成员集体谈话[EB/OL].http://news.youth.cn/gn/201311/t20131101_4126610.htm.

② 同上。

③ 同上。

④ 习近平出席中央党的群团工作会议[EB/OL].http://www.xinhuanet.com/politics/2015-07/07/c_1115847839.htm.

三、促进妇女全面发展，共享共建美好世界

根据马克思关于人的自由全面发展学说，妇女的全面发展就是妇女的劳动活动以及需求和能力的自由全面发展、妇女的社会关系的自由全面发展、妇女的素质的全面提高和人的个性的自由发展。国际社会为促进妇女全面发展做了很多工作，自1975年到1995年召开了四次世界妇女大会，相继通过了《墨西哥宣言》《世界行动计划》《联合国妇女十年后半期行动纲领》《内罗毕战略》《北京宣言》和《行动纲领》，为妇女全面发展创造了有利的国际环境。2011年2月24日成立联合国妇女署，致力于推动性别平等和妇女赋权，消除针对性别的暴力，维护女性权益，提升妇女的领导力及政治和经济参与。

习近平总书记指出："在革命、建设、改革各个历史时期，我们党始终坚持把实现妇女解放和发展、实现男女平等写在自己奋斗的旗帜上。"[①]为了推动妇女事业的发展，党和政府从法律和制度上保障妇女的合法权益，制定实施了三个周期的《中国妇女发展纲要》，中国的妇女事业发展取得了辉煌的成绩。但是"环顾世界，各国各地区妇女发展水平仍然不平衡，男女权利、机会、资源分配仍然不平等，社会对妇女潜能、才干、贡献的认识仍然不充分"。"事实表明，实现男女平等，还需要我们付出巨大努力。我们要不懈努力，为妇女事业发展开辟广阔道路。"[②]

① 习近平等同全国妇联新一届领导班子成员集体谈话[EB/OL].http://news.youth.cn/gn/201311/t20131101_4126610.htm.

② 习近平在全球妇女峰会上的讲话[EB/OL].http://www.xinhuanet.com//politics/2015-09/28/c_128272780.htm.

2015年9月27日，国家主席习近平在纽约联合国总部出席并主持全球妇女峰会，在开幕式上发表题为《促进妇女全面发展　共建共享美好世界》的重要讲话，就促进全球妇女事业、加强国际合作阐述中国主张，“推动妇女和经济社会同步发展”，“积极保障妇女权益”，“努力构建和谐包容的社会文化”，“创造有利于妇女发展的国际环境”。

本节小结

习近平总书记以马克思主义妇女观为指导，根据国际国内形势的变化，深刻总结了中国特色社会主义妇女运动伟大实践的经验，对当代中国妇女运动的时代主题作出了准确判断，指出实现中华民族伟大复兴，是当代中国妇女运动的时代主题；充分肯定了妇女在推动社会发展和进步中的重要作用；提出促进妇女全面发展，共享共建美好世界，创造有利于妇女发展的国际环境。

第三节　学习习近平总书记关于家庭的重要论述

一直以来，家庭被误认为是妇女发展的拖累，家庭是妇女解放的牢笼，家庭是实现男女平等的障碍。因此，妇女与家庭的关系问题是新时代妇女运动必须要回应的问题。党的十八大以来，习近平总书记一系列关于妇女与家庭、家教和家风的重要论述科学地回答了这个问题。要注重家庭、注重家教、注重家风，要注重家庭文明建设，紧密结合培育和弘扬社会主义核心价值观，弘扬中华民族传统家庭美德，把爱家与爱国统一起来，把实现家庭梦融入中国梦之中，发挥妇女在家庭生活中的独特作用，发挥妇女在弘扬中华民族传统家庭美德和树立良好家风方面的独特作用。

一、要注重家庭、注重家教、注重家风

“天下之本在家”，[①]“正家，而天下定矣”。[②]习近平总书记强调：“要注重家庭、注重家教、注重家风，认真研究家庭领域出现的新情况新问题，把推进家庭工作作为一项长期任务抓实

① 出自（东汉）荀悦《申鉴·政体》。

② 出自《周易·家人卦》。

抓好”。[①]“各级党委和政府要充分认识家庭文明建设的重要性，负起领导责任，切实把家庭文明建设摆上议事日程。工会、共青团、妇联等群众团体要结合自身特点，积极组织开展家庭文明建设活动。”[②]

习近平总书记用了三个“不可替代”、两个“第一”、一个“重要基点”来说明家庭的重要性，告诫我们一定要注重家庭。“无论时代如何变化，无论经济社会如何发展，对一个社会来说，家庭的生活依托都不可替代，家庭的社会功能都不可替代，家庭的文明作用都不可替代。无论过去、现在还是将来，绝大多数人都生活在家庭之中。”[③]“家庭是社会的基本细胞，是人生的第一所学校”，[④]“家庭是孩子的第一个课堂”。[⑤]“我们要重视家庭文明建设，努力使千千万万个家庭成为国家发展、民族进步、社会和谐的重要基点，成为人们梦想启航的地方。”[⑥]

爱国与爱家是统一的，“中国梦”与“家庭梦”是统一的。“家庭和睦则社会安定，家庭幸福则社会祥和，家庭文明则社会文明。历史和现实告诉我们，家庭的前途命运同国家和民族的前途命运紧密相连。我们要认识到，千家万户都好，国家才能好，

① 习近平在同全国妇联新一届领导班子成员集体谈话[EB/OL].http://cpc.people.com.cn/shipin/GB/n1/2018/1106/c243284-30385434.html.

② 习近平：在会见第一届全国文明家庭代表时的讲话[EB/OL].http://www.xinhuanet.com//politics/2016-12/15/c_1120127183.htm.

③ 同上。

④ 习近平：在2015年春节团拜会上的讲话[EB/OL].http://www.china.com.cn/news/2015-02/17/content_34850235.htm.

⑤ 习近平：从小积极培育和践行社会主义核心价值观[EB/OL].http://www.xinhuanet.com//politics/2014-05/30/c_1110944180.htm.

⑥ 同②。

民族才能好。国家富强，民族复兴，人民幸福，不是抽象的，最终要体现在千千万万个家庭都幸福美满上，体现在亿万人民生活不断改善上。同时，我们还要认识到，国家好，民族好，家庭才能好。”①“只有实现中华民族伟大复兴的中国梦，家庭梦才能梦想成真。”②“中国人历来讲求精忠报国，革命战争年代母亲教儿打东洋、妻子送郎上战场，社会主义建设时期先大家后小家、为大家舍小家，都体现着向上的家庭追求，体现着高尚的家国情怀。”③“广大家庭都要把爱家和爱国统一起来，把实现家庭梦融入民族梦之中。”④

习近平总书记用五个“第一”来说明家教的重要性，告诫我们一定要注重家教。家庭“是人生的第一所学校”，⑤“是孩子的第一个课堂”，⑥“父母是孩子的第一个老师”，⑦家庭要“帮助孩子扣好人生的第一粒扣子”，⑧“迈好人生的第一个台阶”。⑨“孩子们从牙牙学语起就开始接受家教，有什么样的家教，就有什么样的人。家庭教育涉及很多方面，但最重要的是品

---

① 习近平：在会见第一届全国文明家庭代表时的讲话[EB/OL].http://www.xinhuanet.com//politics/2016-12/15/c_1120127183.htm.

② 同上。

③ 同上。

④ 同上。

⑤ 习近平：在2015年春节团拜会上的讲话[EB/OL].http://www.china.com.cn/news/2015-02/17/content_34850235.htm.

⑥ 习近平：从小积极培育和践行社会主义核心价值观[EB/OL].http://www.xinhuanet.com//politics/2014-05/30/c_1110944180.htm.

⑦ 同上。

⑧ 同①。

⑨ 同①。

德教育，是如何做人的教育。”[①]“家长应该担负起教育后代的责任。家长特别是父母对子女的影响很大，往往可以影响一个人的一生。中国古代流传下来的孟母三迁、岳母刺字、画荻教子讲的就是这样的故事。”“作为父母和家长，应该把美好的道德观念从小就传递给孩子，引导他们有做人的气节和骨气，帮助他们形成美好心灵，促使他们健康成长，长大后成为对国家和人民有用的人。”[②]“家长要时时处处给孩子做榜样，用正确行动、正确思想、正确方法教育引导孩子。要善于从点滴小事中教会孩子欣赏真善美、远离假丑恶。要注意观察孩子的思想动态和行为变化，随时做好教育引导工作。”[③]

注重家教关键是要注重家庭教育的政治方向，家庭教育要讲政治。家庭教育要以社会主义核心价值观为指导，培育和弘扬社会主义核心价值观。2014年11月，习近平总书记在全国妇联工作报告上作出重要批示，要求全国妇联以培育社会主义核心价值观为主要内容，继续积极探索，广泛深入地开展家庭文明建设活动，以好的家风支撑起好的社会风气。培育和弘扬社会主义核心价值观要从娃娃抓起，“要在家庭中培育和践行社会主义核心价值观，引导家庭成员特别是下一代热爱党、热爱祖国、热爱人民、热爱中华民族。要积极传播中华民族传统美德，传递尊老爱幼、男女平等、夫妻和睦、勤俭持家、邻里团结的观念，倡导忠诚、责任、亲情、学习、公益的理念，推动人们在为家庭谋幸

---

① 习近平：在会见第一届全国文明家庭代表时的讲话[EB/OL].http://www.xinhuanet.com//politics/2016-12/15/c_1120127183.htm.

② 同上。

③ 习近平：从小积极培育和践行社会主义核心价值观[EB/OL].http://www.xinhuanet.com//politics/2014-05/30/c_1110944180.htm.

福、为他人送温暖、为社会作贡献的过程中提高精神境界、培育文明风尚”。[①]

注重家教就要注重传承和弘扬中华民族传统家庭美德，使家庭充满正能量，成为以德育人的场所。“紧密结合培育和弘扬社会主义核心价值观，发扬光大中华民族传统家庭美德。”[②]“尊老爱幼、妻贤夫安，母慈子孝、兄友弟恭，耕读传家、勤俭持家，知书达礼、遵纪守法，家和万事兴等中华民族传统家庭美德，铭记在中国人的心灵中，融入中国人的血脉中，是支撑中华民族生生不息、薪火相传的重要精神力量，是家庭文明建设的宝贵精神财富。”[③]“广大家庭都要重言传、重身教，教知识、育品德，身体力行、耳濡目染，帮助孩子扣好人生的第一粒扣子，迈好人生的第一个台阶。”[④]

习近平总书记强调的“三个注重”，落脚点是要形成良好的家风。家风一般指一种由父母或祖辈提倡并能身体力行和言传身教，用以约束和规范家庭成员的风尚和作风，是一个家庭长期培育形成的一种文化和道德氛围，是家庭伦理和家庭美德的集中体现。家风具有社会性、榜样性和传承性的特点。家风作为一种精神力量，有一种强大的感染力，它既能在思想道德上约束其成员，又能促使家庭成员在一种文明、和谐、健康、向上的氛围中不断发展。“家庭不只是人们身体的住处，更是人们心灵的归

---

① 习近平：在会见第一届全国文明家庭代表时的讲话[EB/OL].http://www.xinhuanet.com//politics/2016-12/15/c_1120127183.htm.

② 习近平：在2015年春节团拜会上的讲话[EB/OL].http://www.china.com.cn/news/2015-02/17/content_34850235.htm.

③ 同①。

④ 同①。

宿。”[①]良好的家风不仅关系到孩子的健康成长、家庭的和谐幸福，而且关系到良好社会风气、良好党风和政风的形成。“家风好，就能家道兴盛、和顺美满；家风差，难免殃及子孙、贻害社会。”[②]“家风是社会风气的重要组成部分”，[③]“广大家庭都要弘扬优良家风，以千千万万家庭的好家风支撑起全社会的好风气。特别是个别领导干部要带头抓好家风”。[④]“领导干部的家风，不仅关系自己的家庭，而且关系党风政风。”[⑤]《礼记·大学》中说：“所谓治国先齐其家者，其家不可教而能教人者，无之。”

《周易·文言·坤》中说：“积善之家，必有余庆；积不善之家，必有余殃。”良好的家风得益于良好的家教，没有良好的家教不会有良好的家风，良好的家教是形成良好家风的关键。“诸葛亮诫子格言、颜氏家训、朱子家训等，都是在倡导一种家风。”[⑥]“毛泽东、周恩来、朱德同志等老一辈革命家都高度重视家风。”[⑦]“在培育良好家风方面，老一辈革命家为我们作出了榜样。每一位领导干部都要把家风建设摆在重要位置，廉洁修身、廉洁齐家，在管好自己的同时，严格要求配偶、子女和身边工作人员。”[⑧]“各级领导干部特别是高级干部要继承和弘扬中华

---

① 习近平：在会见第一届全国文明家庭代表时的讲话[EB/OL].http://www.xinhuanet.com//politics/2016-12/15/c_1120127183.htm.

② 同上。

③ 同上。

④ 同上。

⑤ 同上。

⑥ 同上。

⑦ 同上。

⑧ 习近平在第十八届中纪委第六次全体会议上的讲话[EB/OL].http://www.china.com.cn/news/2016-05/03/content_38368948.htm.

优秀传统文化，继承和弘扬革命前辈的红色家风，向焦裕禄、谷文昌、杨善洲等同志学习，做家风建设的表率，把修身、齐家落到实处。各级领导干部要保持高尚情操和健康生活情趣，严格要求亲属子女，过好亲情关，教育他们树立遵纪守法、艰苦朴素、自食其力的良好观念，明白见利忘义、贪赃枉法都是不道德的事情，要为全社会做表率。”①

二、发挥妇女在家庭生活中的独特作用

习近平总书记首次提出发挥妇女的“两个独特作用”，并且深刻阐述了男女平等与发挥妇女“两个独特作用”之间的内在关系，这是对马克思主义妇女理论的一个突出贡献。“我们强调促进男女平等、发挥妇女在各个方面的积极作用，都是对的，要坚定不移。同时，我们也要注重发挥妇女在社会生活和家庭生活中的独特作用，发挥妇女在弘扬中华民族家庭美德、树立良好家风方面的独特作用。”②这“关系到家庭和睦，关系到社会和谐，关系到下一代健康成长”。③

发挥妇女在家庭生活中的独特作用就是发挥妇女在家庭生活中独一无二的、单独具有的、与男性不同的作用。发挥妇女的独特作用并不是说男女就不平等了，恰恰是男女平等富有生命力的体现。家庭是由姻缘关系和血缘关系组成的初级社会群体，在家

① 习近平：在会见第一届全国文明家庭代表时的讲话[EB/OL].http://www.xinhuanet.com//politics/2016-12/15/c_1120127183.htm.

② 习近平等同全国妇联新一届领导班子成员集体谈话[EB/OL].http://news.youth.cn/gn/201311/t20131101_4126610.htm.

③ 同上。

庭生命周期的不同阶段，男女两性在家庭生活中扮演着不同的角色，发挥着不同的功能，有着各自不同的作用。由于子女由母亲所出，子女在婴幼时期对母亲的依赖性远远大于对父亲的依赖性，对母亲的情感需求远远大于对父亲的情感需求，母亲的影响力往往大于父亲的影响力。在孩子的成长过程中，母亲的作用是独特的，无论是在历史上，还是在现实中，母亲独自一人在家境窘迫的情况下，把孩子培养成人的事例很多，孟母、陶母①、欧母②、岳母这四大名母就是很典型的例子，具有一定代表性。还有乐羊子妻、缇萦等，她们在弘扬中华民族传统家庭美德和树立良好家风方面发挥了独特的作用。

妇女在家庭生活中扮演好自己的角色，这是发挥妇女在家庭生活中独特作用的前提。“良”“贤”“孝”本身就是美德，就是良好家风的体现，“中国人一直赞美贤妻良母、相夫教子、勤俭持家，这些是中华民族传统优秀文化的重要组成部分”。这并不是说要回复到传统的“男主外，女主内”的性别分工模式，也不是让女性回归家庭。和传统社会不同的是，男性也要分担家庭责任，和女性共同承担起家庭责任，男性在家庭中也要发挥作用，但女性有自己的优势。

习近平总书记用两个“引导”和一个“帮助”强调了妇联组织的责任和任务。妇联组织是党联系妇女群众的桥梁和纽带，家庭是妇联传统的工作领域，也是优势工作领域，妇联要发挥自身的政治优势和工作优势，“引导妇女既要爱小家，也要爱国家，带领家庭成员共同升华爱国爱家的家国情怀、建设相亲相爱的家

① 陶母：晋代著名大将军陶侃的母亲。

② 欧母：北宋著名政治家、文学家欧阳修的母亲。

庭关系、弘扬向上向善的家庭美德、体现共建共享的家庭追求，在促进家庭和睦、亲人相爱、下一代健康成长、老年人老有所养等方面发挥优势、担起责任”。①“要引导妇女带动家庭成员，发扬尊老爱幼、男女平等、夫妻和睦、勤俭持家、邻里团结等中华民族传统美德，抵制歪风邪气，弘扬清风正气，以好的家风支撑起好的社会风气。”②“要帮助妇女处理好家庭和工作的关系，做对社会有责任、对家庭有贡献的新时代女性。”③

本节小结

习近平总书记指出，要注重家庭、注重家教、注重家风，紧密结合培育和弘扬社会主义核心价值观，弘扬中华民族传统家庭美德，把爱家与爱国统一起来，把实现家庭梦融入中国梦之中，发挥妇女在家庭生活中的独特作用，发挥妇女在弘扬中华民族传统家庭美德和树立良好家风方面的独特作用，做对社会有责任、对家庭有贡献的新时代女性。

① 习近平在同全国妇联新一届领导班子成员集体谈话[EB/OL].http://cpc.people.com.cn/shipin/GB/n1/2018/1106/c243284-30385434.html.

② 同上。

③ 同上。

第四节　我国妇女事业发展取得了辉煌成就

中国妇女事业的发展与进步历程，就是一部在中国共产党的坚强领导下，亿万妇女为国家富强和民族振兴砥砺前行的奋斗历程，是妇女与经济社会同步发展的历史进程，是男女平等与社会文明进步的融合过程，是中国妇女携手全球妇女共建共享美好世界的文明进程。党的十八大以来，在习近平新时代中国特色社会主义思想指引下，亿万妇女更加坚定不移地走中国特色社会主义妇女发展道路，中国妇女事业取得举世瞩目的历史性成就。

一、中国高度重视并积极推进妇女事业发展

促进妇女全面发展和男女平等是中国特色社会主义的重要组成部分。“坚持男女平等基本国策，保障妇女儿童合法权益”被写入党的十八大、十九大报告，成为党治国理政的重要理念和内容。中国共产党始终把妇女事业放在中国改革开放和现代化建设的重要位置，在出台法律、制定政策、编制规划、部署工作时充分考虑两性的现实差异和妇女的特殊利益；推动完善保障妇女合法权益的法律体系，为促进男女平等和妇女全面发展构筑坚固的法律屏障；把促进妇女发展纳入国民经济和社会发展总体规划，

加强顶层设计和长远规划；把新时代经济社会发展同促进妇女全面发展紧密融合，使妇女事业更具时代性。建立完善人大立法保障妇女权益的工作机制和政协协商推动妇女事业发展的工作机制，建立健全政府贯彻落实男女平等基本国策的工作机制。1990年，成立国务院妇女儿童工作协调委员会（1993年更名为国务院妇女儿童工作委员会），成员单位由成立之初的19个增加到目前的35个。《中华人民共和国国民经济和社会发展第十二个五年规划纲要》《中华人民共和国国民经济和社会发展第十三个五年规划纲要》设立专门章节，对促进妇女全面发展作出规划部署。1995年以来，中国连续颁布三个周期的中国妇女发展纲要，提出不同时期妇女事业发展的目标任务。建立健全妇联组织作为党和政府联系妇女群众桥梁纽带的工作机制。

二、保障妇女权益的法治体系不断完善

中国把保障妇女权益纳入法律法规，上升为国家意志，内化为社会行为规范。新中国成立伊始，中国共产党组织制定实施一系列法律法规提高妇女地位。改革开放40多年来，中国不断强化男女平等的法治保障，将保障妇女权益贯穿于科学立法、严格执法、公正司法、全民守法各环节，在建设社会主义法治国家、法治政府、法治社会进程中，推动妇女权益保障水平不断迈上新台阶。《中华人民共和国宪法》作为国家根本大法，始终坚持男女平等原则。2004年，“国家尊重和保障人权”被写入宪法修正案，奠定了妇女人权保障基石。1950年，新中国第一部法律——《中华人民共和国婚姻法》确立了婚姻自由、一夫一妻、男女权

利平等的婚姻制度。改革开放40多年来，伴随中国特色社会主义民主法治进程，中国制定和修订《中华人民共和国全国人民代表大会和地方各级人民代表大会选举法》《中华人民共和国刑法》《中华人民共和国婚姻法》《中华人民共和国母婴保健法》《中华人民共和国人口与计划生育法》《中华人民共和国劳动法》《中华人民共和国就业促进法》《中华人民共和国劳动合同法》《中华人民共和国农村土地承包法》《中华人民共和国村民委员会组织法》等法律法规，都鲜明体现了男女平等原则。1992年，制定实施的《中华人民共和国妇女权益保障法》，是中国第一部促进男女平等、保障妇女权益的基本法，具体规定了妇女的政治权利、文化教育权益、劳动权益、财产权益、人身权利和婚姻家庭权益。2005年，修订妇女权益保障法，确立了男女平等基本国策的法律地位，并将“劳动权益”修订为“劳动和社会保障权益”。党的十八大以来，保障妇女权益立法取得新突破。2015年出台《中华人民共和国反家庭暴力法》，设立家庭暴力告诫、强制报告、人身安全保护令和紧急庇护四项制度；2015年，刑法修正案（九）废除嫖宿幼女罪，加大保护幼女人身权利。2020年5月28日，第十三届全国人民代表大会第三次会议通过了《中华人民共和国民法典》，《民法典》增设婚姻家庭编，调整因婚姻家庭产生的民事关系，将“禁止家庭暴力”写入《民法典》婚姻家庭编，保障了妇女的身心健康，全面保护了妇女的合法权益。新中国成立70多年来，中国逐步形成并完善了以宪法为基础，以妇女权益保障法为主体，包括100多部单行法律法规在内的保障妇女权益的法律体系。

党的十八大以来，全面依法治国各领域广泛践行性别平等和性别公正理念。推行家事审判方式和机制改革，确立人性化审判理念，强化妇女权益的司法保障。法规政策性别平等评估机制创新建立。依据《中华人民共和国立法法》备案审查制度和程序规定，创建源头保障妇女权益、促进男女平等发展新机制。2012—2018年，全国30个省（区、市）建立了法规政策性别平等评估机制，将男女平等价值理念引入法规政策的制定、实施和监督各环节，加强政策法规制定前研判、决策中贯彻、实施后评估的制度化建设，进一步体现了新时代妇女群众的意志和期盼，进一步丰富了新时代科学立法和民主立法的生动实践。妇女和妇女组织在法治建设中的作用日益彰显。参与立法决策的女性比例不断提高，在国家民主法治建设中的影响力显著增强。

中国制定实施劳动法、就业促进法、劳动合同法、农村土地承包法等法律法规，充分保障妇女的经济权益特别是平等就业权利，实行男女同工同酬，消除就业性别歧视。党的十八大以来，中国更加重视促进男女平等就业，推动妇女实现更高质量、更加充分就业，妇女参与经济社会建设的热情更加高涨，半边天作用更加凸显。中国高度重视妇女扶贫脱贫。《中国农村扶贫开发纲要（2011—2020年）》《中国妇女发展纲要（2011—2020年）》等都将缓解妇女贫困程度、减少贫困妇女数量作为优先事项，保障贫困妇女的资源供给，帮助、支持贫困妇女实施扶贫项目。党的十八大以来，中国在脱贫攻坚中更加重视妇女的参与和受益。从土地改革、农村家庭联产承包到农村承包地确权登记颁证与农村土地“三权分置”，中国始终重视从法律制度上保障妇女土地权益。中国高度重视从制度上保障女职工劳动保护各项权利。从1988年颁布《女职工劳动保护规定》到2012年《女职工劳动保护特别规定》出台，女职工劳动保护程度不断提高。党的十八大以来，中国实行就业优先战略，积极推动男女平等就业。2019年，人力资源社会保障部等九部门印发《关于进一步规范招聘行为促进妇女就业的通知》，明确了不得实施的六种就业性别歧视行为，建立健全多部门联合约谈、市场监管、司法救济三条救济渠道，为保障妇女平等享有就业权提供有力支持。

三、中国重视保障妇女与男子平等的政治权利

新中国成立之初，就从法律上规定了男女享有平等的选举权、被选举权和管理国家事务的权利。改革开放40多年来，中国特色社会主义民主政治不断完善，为妇女参政提供了新机遇、拓展了新渠道。党的十八大以来，在推进国家治理体系和治理能力现代化进程中，妇女参与国家和社会事务管理的水平全面提升，在民主政治建设中的作用日益增强。中国共产党作为执政党，一贯重视培养选拔女干部、发展女党员。20世纪90年代以来，历次党代会报告都明确要求重视培养选拔女干部。2017年，全国党政机关女干部人数从改革开放初期的42.2万增加至190.6万，占干部总数的26.5%。2017年，中央机关及其直属机构新录用公务员中女性比例达到52.4%；地方新录用公务员中女性比例达到44%。2018年，全国事业单位领导班子成员中，女性比例为22.2%，比2015年提高1.6个百分点。2019年，女党员占党员总数的27.9%，比1956年提高17.4个百分点。党代会代表中的女性比例逐步提升，党的十九大代表中的女性占比24.2%，比1956年党的八大提高14.9个百分点。人大代表和政协委员中女性比例逐步提升。第十三届全国

人民代表大会女代表比例达到24.9%，比1954年第一届提高12.9个百分点。政协第十三届全国委员会女委员比例达到20.4%，比1949年第一届提高14.3个百分点。妇女参与基层民主管理更加广泛。①

20世纪80年代以来，村民自治制度的建立发展为农村妇女参与基层民主管理提供了重要保障和条件。2017年，村委会成员中女性比例为23.1%，比2000年提高7.4个百分点。妇女在居委会中的人数比例始终保持较高水平，2017年，居委会成员中女性比例为49.7%，居委会主任中女性比例为39.9%。妇女参与企业民主管理比例稳步提升，2017年，工会女会员占比38.3%，企业职工董事和职工监事中女性比例分别为39.7%和41.6%。妇女和妇女组织在民主政治建设中的作用越来越大。党的十八大以来，妇联改革使一大批有热心、有专长、有影响力的妇女骨干进入各级妇联特别是基层妇联工作队伍，乡、村两级妇联执委达到770多万，在基层治理中发挥了重要作用。②

四、妇女受教育水平显著提升

中国通过制定实施法律法规赋予妇女同男子平等的受教育权利。在坚持优先发展教育、持续实施教育惠民政策、缩小城乡教育差距、积极推进教育公平的历史进程中，妇女受教育状况不断改善，受教育水平大幅提升。扫除妇女文盲成果斐然。新中国成立之初，妇女文盲率远远高于男性。1949年，第一次全国教育

---

① 平等　发展　共享：新中国70年妇女事业的发展与进步[EB/OL].http://www.gov.cn/zhengce/2019-09/19/content_5431327.htm.

② 同上。

工作会议提出，要在全国范围内进行识字教育、扫除文盲。1956年，中国发布《关于扫除文盲的决定》，再次明确扫盲工作目标。在20世纪50年代开展的三次扫盲运动，帮助1600万名妇女脱盲。改革开放后，中国持续开展扫盲工作，到1993年累计扫除妇女文盲1.1亿。1995年以来，中国政府颁布实施三个周期的中国妇女发展纲要，始终把扫除妇女文盲、提高妇女识字率作为主要目标，把扫除农村妇女文盲作为重点。全国15岁及以上女性人口文盲率由新中国成立前的90%降至2017年的7.3%，实现历史巨变。九年义务教育基本消除性别差距。在大力扫除妇女文盲的基础上，中国高度重视保障女童接受基础教育的权利和机会。2017年，女童小学净入学率达到99.9%，与男童完全相同；普通小学和普通初中在校生中女生比例分别达到46.5%和46.4%，比1951年分别提高18.5和20.8个百分点。义务教育阶段基本实现男女平等。妇女接受高中阶段和高等教育水平实现历史新高。中国高度重视教育发展，女性接受高中阶段和高等教育的机会不断增加。2017年，高中阶段教育毛入学率达到88.3%，高中阶段教育在校女生占在校生总数的47.7%，其中普通高中在校生中女生比例已达50.9%。1998年，颁布《中华人民共和国高等教育法》，不断扩大高等教育规模，推行助学贷款制度，设立助学奖学金，为更多女性接受高等教育创造了条件。2017年，普通高等学校本专科在校女生占在校生总数的比例已达52.5%，比1978年提高28.4个百分点，比1949年提高32.7个百分点；女研究生占研究生总数的比例已达48.4%，比1985年提高29.8个百分点。妇女接受职业教育和继续教育人数大幅增加。2017年，中等职业教育在校女生占在校生总数的42.9%。改革开放40多年来，继续教育得到长足发展，成为妇女获得知识、增长技能、提高素质的重要渠道，妇女参加高等学历继续教育的人数和比例逐年上升。2017年，全国成人本专科在校女生占在校生总数的58.8%，比1988年提高27.3个百分点；网络本专科在校女生占在校生总数的47.3%。此外，妇女还广泛参与各级各类非学历继续教育。女童平等接受学前教育取得成效。2017年，3～6岁儿童毛入园率为79.6%，全国接受学前教育的幼儿达4600万，其中女童占46.7%。[①]

五、妇女健康状况极大改善

妇女儿童健康是全民健康的基石。中国高度重视发展妇幼保健事业，将保障妇女儿童健康纳入国家战略，不断完善妇幼健康法规政策体系。妇幼健康法律法规和政策体系不断完善，中国特色妇幼健康服务网络不断加强。党的十八大以来，妇幼保健网络逐步嵌入覆盖14亿人口的医疗保障网和覆盖城乡的三级医疗保健网，妇幼健康信息化建设不断加强。2018年，全国共有妇幼保健机构3080家、妇产医院807家、妇幼保健工作者近64万人，被世界卫生组织列为妇幼健康高绩效的10个国家之一。妇幼健康服务公平性、可及性逐步提升。2018年，全国孕产妇住院分娩率为99.9%。截至2018年年底，农村妇女“两癌”检查项目为超过8500万名妇女免费提供宫颈癌检查，为2000万名妇女免费提供乳腺癌检查，仅妇联系统救助贫困患病妇女10.22万人。妇女生殖保健服务不断加强。制定出台法规政策和规划，实施生殖健康项目，不

① 平等　发展　共享：新中国70年妇女事业的发展与进步[EB/OL].http://www.gov.cn/zhengce/2019-09/19/content_5431327.htm.

断提高妇女生殖健康水平。妇女健康水平持续提高。2015年，妇女平均预期寿命为79.4岁，比1981年提高了10.1岁，比新中国成立时提高了42.7岁。孕产妇死亡率持续降低，提前实现联合国千年发展目标。2018年，全国孕产妇死亡率为18.3/10万，比1990年的88.8/10万大幅下降了79.4%。城乡差距不断缩小，城市与农村孕产妇死亡率之比从1990年的1∶2.2下降到2018年的1∶1.3。①

六、妇女社会保障水平不断提高

坚持在发展中保障和改善妇女民生。中国加快建设覆盖全民、城乡统筹、权责清晰、保障适度、可持续的多层次社会保障体系，全面实施全民参保计划，全面推进病有所医、老有所养、弱有所扶，各项社会保障实现了制度性覆盖，妇女的获得感、幸福感、安全感持续增强。妇女生育保障水平大幅提高。2018年，参加生育保险人数达两亿，其中女性8927万。参加城乡居民基本医疗保险的女性，享受生育医疗费用报销待遇，未就业女性的生育权益得到保障。女职工法定产假由90天延长到98天。妇女医疗保障实现制度全覆盖。党的十八大以来，多层次的医疗保障体系进一步完善，2016年整合城乡居民医疗保险，增强制度的公平性，完善城乡医疗救助和补充医疗保险制度，使更多妇女享有更公平的医疗保障。2018年，据不完全统计，全国基本医疗保险女性参保人数约为5.4亿。妇女养老保障水平显著提高。党的十八大以来，养老保障制度更加完善，2014年新型农村养老保险和城

① 平等 发展 共享：新中国70年妇女事业的发展与进步[EB/OL].http://www.gov.cn/zhengce/2019-09/19/content_5431327.htm.

镇居民社会养老保险合并为城乡居民基本养老保险，使城乡未就业妇女公平享有基本养老保障。2017年，全国近3.8亿妇女参加了基本养老保险。截至2018年年底，全国普遍建立了经济困难的高龄、失能等老年人补贴制度，老年妇女生活得到基本保障。妇女参加失业保险和工伤保险的人数不断增加。2017年，全国参加失业保险的女性7950万，比2005年增加3924万；参加工伤保险的女性8594万，比2005年增加5581万。国家社会救助制度惠及困难妇女。党的十八大以来，社会救助体系逐步完善，有效帮助困难妇女共享改革发展成果。截至2018年年底，全国城市低保对象中女性占44.8%，农村低保对象中女性占42.0%。[①]

七、妇女在家庭文明建设中发挥独特作用

中国始终高度重视家庭建设，注重保障妇女婚姻家庭权利，男女平等的婚姻家庭关系日益巩固。党的十八大以来，更加注重家庭、注重家教、注重家风，更加注重发挥妇女在家庭生活中的独特作用，推动社会主义核心价值观在家庭落地生根，形成爱国爱家、相亲相爱、向上向善、共建共享的社会主义家庭文明新风尚。建立完善男女平等的婚姻家庭制度。

1950年第一部婚姻法从根本上废除了封建婚姻制度对妇女的歧视和压迫，妇女的婚姻家庭生活发生了历史性变革。1954年第一部宪法明确规定妇女与男子在家庭生活方面享有平等的权利，婚姻、家庭、母亲和儿童受国家的保护。历次宪法修改都注重保

① 平等　发展　共享：新中国70年妇女事业的发展与进步[EB/OL].http://www.gov.cn/zhengce/2019-09/19/content_5431327.htm.

障妇女平等的婚姻家庭权益。婚姻法修改重申实行男女平等的婚姻制度，倡导维护平等、和睦、文明的婚姻家庭关系，增加禁止实施家庭暴力、家务劳动补偿权和离婚损害赔偿等保障妇女权益的条款。涉及婚姻家庭关系的相关法律法规都强调对妇女权益的保护。2015年，出台反家庭暴力法，规定禁止任何形式的家庭暴力，妇女在家庭中的人身权利进一步得到保障。2017年，颁布民法总则并启动民法典编纂工作，重视进一步完善男女平等的婚姻家庭制度。2017年，全国妇联、中央综治办、最高人民法院等6部门出台《关于做好婚姻家庭纠纷预防化解工作的意见》，为群众化解婚姻家庭纠纷提供多元、便捷的服务。2018年，最高人民法院出台司法解释，破解夫妻共同债务认定标准难题。建立支持家庭和妇女发展的政策体系。

改革开放40多年来，中国将家庭建设纳入国家经济社会发展总体规划。国家“十二五”规划纲要和国家“十三五”规划纲要都对家庭建设提出明确要求，强调提高家庭发展能力，重视家庭在支撑社会发展、分担社会责任中的作用。中国妇女发展纲要强调男女共担家庭责任，发展面向家庭的公共服务，为夫妻双方兼顾工作和家庭创造条件。中国高度重视家庭教育工作。1996年以来，全国妇联、教育部、中央文明办等部门连续发布了五轮家庭教育工作规划。自2010年起，印发《全国家庭教育指导大纲》，出台《关于加强家庭教育工作的指导意见》，在科学指导家庭教育实践中发挥重要作用。家庭教育立法纳入第十三届全国人大常委会立法规划，部分地区出台了家庭教育促进条例。2018年召开全国教育大会，强调全社会要担负起青少年成长成才的责任，发挥家庭作为人生第一所学校、帮助扣好人生第一粒扣子的重要作用，坚持把立德树人作为家庭教育的根本任务，培养孩子的好思想、好品行、好习惯。

目前，家庭教育指导服务的专业化、网络化、精细化水平不断提升，指导服务阵地多元化拓展。越来越多的城乡家庭享受到普惠性、公益性的家庭教育指导服务。重视发挥妇女在家庭文明建设中的独特作用。重视发挥妇女在弘扬家庭美德、树立良好家风方面的独特作用。党的十八大以来，更加重视发挥家庭在传承美德、涵养家风、立德树人等方面的重要作用。从2016年开始，各级工会女职工组织开展“培育好家风——女职工在行动”主题实践活动。2019年，妇联组织启动实施“家家幸福安康工程”，积极回应广大妇女和亿万家庭新时代的新需求，以小家庭的和谐共建大社会的和谐，推动形成家家幸福安康的生动局面。

70多年来，广大妇女摆脱封建婚姻制度束缚，婚姻自主程度大幅提高，婚姻家庭关系中的主体意识和权利意识不断增强。婚姻家庭中的性别平等状况明显改善，夫妻共同决策家庭事务渐成风尚。全社会促进男女平等婚姻关系健康发展的法治意识不断提升，尊老爱幼、男女平等、夫妻和睦、邻里团结的思想观念更加深入人心。千千万万个家庭共同促进家庭和睦、亲人相爱、下一代健康成长、老年人老有所养，成为国家发展、民族进步、社会和谐的重要基点。

八、中国高度重视开展妇女领域的国际交流与合作

党的十八大以来，在推动构建人类命运共同体进程中，中国妇女事业实现了引领全球妇女发展的历史性飞跃，为世界妇女运

动贡献了中国方案和中国力量。新中国成立之初，积极支持妇女组织参加国际民主妇联、举办亚洲妇女代表会议，拉开妇女外交序幕。中国国家主席习近平主持峰会并发表重要讲话，深刻阐述了促进男女平等和妇女全面发展的中国主张。峰会取得丰硕成果，为落实2030年可持续发展议程注入了新动力，为全球妇女事业发展树立了新的里程碑。中国积极签署和批准联合国性别平等领域国际文书，全力推动男女平等和妇女发展进程。1980年，签署批准《消除对妇女一切形式歧视公约》，认真履行公约义务，按时提交履约报告，接受审议并落实委员会结论性意见。中国高度重视支持妇女领域的对外交流。截至2019年，已与145个国家，429个妇女组织、机构以及联合国相关组织和专门机构保持友好交往。中国不断加大多领域、全方位国际交流合作，积极促进妇女健康、教育、经济、减贫、环境等领域发展。党的十八大以来，持续开展妇女发展援助项目，支持和帮助广大发展中国家妇女减少贫困、增加就业、改善民生。连续四年向联合国妇女署捐款，为联合国推动性别平等和促进妇女发展提供支持。妇女在外交事务中的作用日益彰显。妇女和妇女组织积极参与国际事务。截至2018年10月，中国有女外交官2065人，占外交官总数的33.1%，其中女大使14人、女总领事21人、女参赞326人。妇女在外交事务中充分展示巾帼风采，贡献智慧和力量。[①]

① 平等　发展　共享：新中国70年妇女事业的发展与进步[EB/OL].http://www.gov.cn/zhengce/2019-09/19/content_5431327.htm.

本节小结

我国妇女发展事业取得了辉煌成就：中国高度重视并积极推进妇女事业发展，保障妇女权益的法治体系不断完善，中国重视保障妇女与男子平等的政治权利，妇女受教育水平显著提升，妇女健康状况极大改善，妇女社会保障水平不断提高，妇女在家庭文明建设中发挥了独特作用，中国高度重视开展妇女领域的国际交流与合作。

第二章

中华优秀传统文化及其核心要义

习近平总书记指出，中华优秀传统文化是中华民族的精神命脉，是涵养社会主义核心价值观的重要源泉，也是我们在世界文化激荡中站稳脚跟的坚实根基。

第一节　文化及其相关概念

为了更好地理解中华传统文化及其核心要义，首先要梳理清楚文化以及与文化相关的一系列概念。

文化是一个很复杂的概念，文化、传统文化、中华优秀传统文化是三个外延不同的概念，其外延由大到小。传统文化不等于文化传统，尽管二者有一定联系。传统文化与国学也是既有联系又有区别的，国学是相对于西学而言的，传统文化是相对于现代文化而言的。

一、文化

1.文化的内涵

文化的定义是最难归纳概括的，当今世界还没有一个关于文化的统一的界定。1952年，美国文化人类学家克罗伯和克拉克洪合著了《文化——有关概念和定义的回顾》一书，其中列举的西方学术界从1871年到1951年80年间出现的各种文化定义达160余种。1952年以后，世界各地关于文化的新定义层出不穷，据统计到现在已有260种之多。

在中国古代语言系统中很早就出现了“文化”一词。“文”与“化”并联使用，最早出于《易·贲卦·彖传》：“观乎天文以察时变，观乎人文以化成天下。”“人文”当指人类社会关系的构成及其规律，包括文明礼仪、人伦道德在内。而“人文”与“化成天下”相结合，实际已经具备了“以文教化”的“文化”一词的基本内涵。①

文化作为一种学术用语，最早出现在英国人泰勒1865年所著的《文明的早期历史与发展之研究》。6年后，他在著名的《原始文化》一书中将其作为中心概念作了系统的阐述，“文化或文明，就其广泛的民族学意义来说，乃是包括知识、信仰、艺术、道德、法律、习俗和任何人作为一名社会成员而获得的能力和习惯在内的复杂整体”。②

一些著名学者给“文化”下了具有启发意义的定义。美国人类学家克莱德·克拉克洪认为：“文化是历史上所创造的生存式样的系统，既包括显型式样又包括隐型式样，它具有为整个群体共享的倾向，或是在一定时期中为群体的特定部分所共享。”梁启超认为：“文化者，人类心能所开释出来之有价值的共业也。”蔡元培认为：“文化是人的生活的体现之一，也就是人的创造性的改造劳动。文化是人发展的状况。”③

文化通常有广义和狭义之分。“广义文化指人类在社会历史实践过程中对物质财富和精神财富的创造活动、创造方式和创造成果的总和。也就是说，人的物质生产和精神生产，包括生产活

① 陈晓龙主编：《中国传统文化概论》，陕西师范大学出版社，2014，第1页。

② 庄锡昌等：《多维视野中的文化理论》，浙江人民出版社，1987，第99页。

③ 颜吾芟：《中国历史文化概论》，清华大学出版社，2006，第1-2页。

动过程和生产的方式方法，由这些生产创造出来的物质产品、精神产品和社会关系的诸多形式，都是文化，都属于文化范畴。这样的文化，涉及人类社会生活从生产力到生产关系，从经济基础到上层建筑和意识形态的各个领域。”“狭义的文化，指意识形态、精神文化以及与之相适应的制度和组织结构。具体地说，狭义的文化主要包括政治思想、伦理道德、哲学观念、文学艺术、宗教崇拜等社会意识的各种形式，以及相应的政治法律制度、仪式活动、生活习惯和人们的理想追求、情感意志、道德信仰等等。”①概括地说，文化是一个社会历史范畴，是人类社会特有的现象，是以人的活动方式以及由人的实践活动而创造出的物质产品和精神产品为其内容的系统，是人类社会历史发展的一个重要标志。文化的主体是人，客体是客观世界。所谓“文化”，不是不受人影响而自然形成的自然物，而是人在社会实践过程中认识世界、改造世界所创造的一切成果的总和。②

2. 文化的结构

文化是一个复杂的整体，是一个具有不同层面并且各层面间具有互动作用的完整的系统。关于文化的结构，有几种不同的观点，一种观点认为文化的内部结构包括物质文化、制度文化和精神文化三个层次。一种观点认为文化是人类社会具有独立特性的综合体系，主要包括社会生产与生活方式、社会组织形态和精神意识形态三个大的层次。文化体系的构成可以划分为五个方面：各国与各民族的社会生活及其风俗习惯；社会生产类型；国家政

---

① 向翔：《哲学文化学》，上海科学普及出版社，1997，第6–7页。

② 陈晓龙主编：《中国传统文化概论》，陕西师范大学出版社，2014，第3页。

治机制；语言文字、科学技术等；文化的精神取向。

3.文化与文明

文化与文明是两个有关联但又有各自意义与用法的概念。从基本意义上讲，文明指人类一定历史发展阶段所形成的历史形态。这一形态是历史的累积，表明人类脱离原始与野蛮生活，因此它具有历史类型学的意义。《易经》中说“天下文明”，指的是人类从蒙昧转向智慧与知识的历史过程。文明包括了文化的基本构成，所有的文化都是一定文明的具体存在模式，文明在所处的时代就是一定的文化实践。与文明概念相比，文化的概念更注重现实的实践性质，文化是文明形态的实践方式。一般来说，文化是具体的、感性的、实践的行为；而文明是概括的、总体的、历史的形态。汝信在其主编的《世界文明大系》丛书的“总序”中说道：“应该指出，人们对‘文明’的理论也如同对‘文化’的解释一样各不相同，有许多定义，迄无共识……把文明理解为广泛意义上的‘文化’，更具体地说，是指占有一定空间的（即地域性的）社会历史组合体，包括精神文明与物质文明两方面，即人们有目的的活动方式及其成果的总和。”[①]虽然“文化”与“文明”有概念的差异，但是二者之间的相互联系与相互重合的部分，远远多于它们所表现出来的差异与区分之处。从广义上来说，文化与文明完全可以等同起来，看作基本相同的范畴。[②]

① 潘光，陈超南，余建华：《犹太文明》，中国社会科学出版社，1999，第2页。

② 方汉文：《西方文化概论》，中国人民大学出版社，2018，第12−13页。

二、传统文化

所谓传统文化就是中国传统文化，中国传统文化就是中国文化，中国文化实际上就是中华民族的文化，是中华民族数千年发展过程中创造的、不断发展的、打上自身烙印的文化。

1.传统文化的形成

社会存在决定社会意识，社会意识对社会存在有反作用。传统文化属于社会意识的范畴。传统文化是在传统社会中形成的文化，传统社会是传统文化形成的社会基础，传统文化是传统社会经济政治发展的产物，同时又对传统社会的经济政治有着一定的影响。

传统社会是相对于现代社会而言的。中国传统社会形成了自身独特的经济运行机制，这种机制也称为中国传统社会的经济结构。中国传统社会的经济结构自秦汉以后，主要是以个体农业和家庭手工业相结合的自然经济形式，商品经济不发达，历朝历代都实行“重农抑商”的政策，家庭是社会再生产的基本单位。中国传统社会的阶级结构是由地主经济和小农经济相结合而派生的。中国传统社会政治结构的首要特征是家国同构，家庭、家族、国家在组织机构方面有着共同性，在家庭、家族和国家管理方面使用相同的方法。传统社会是以家庭控制为基础和基本运作机制的伦理社会，社会控制基本上依附于家庭控制。

传统社会是差序格局的社会，费孝通先生在《乡土中国　生育制度》这本书中用了一个形象的比喻，通过中西对比的方法，来说明中国传统社会的结构。“西洋的社会有些像我们在田里捆柴，几根稻草束成一把，几把束成一扎，几扎束成一捆，几捆束成一挑。每一根柴在整个挑里都属于一定的捆、扎、把。每一根柴也都可以找到同把、同扎、同捆的柴，分扎得清楚不会乱的。在社会，这些单位就是团体。我说西洋社会组织像捆柴就是想指明：他们常常由若干人组成一个个的团体。团体是有一定界限的，谁是团体里的人，谁是团体外的人，不能模糊，一定得分清楚。在团体里的人是一伙，对于团体的关系是相同的，如果同一团体中有组别或等级的分别，那也是事先规定的。我用捆柴来比拟，有一点不太合适，就是一个人可以参加好几个团体，而好几扎柴里都有某一根当然是不可能的，这是人和柴不同的地方。我用这譬喻是在想具体一些使我们看到社会生活中人和人的关系的一种格局。我们不妨称之作团体格局。”“家庭在西洋是一种界限分明的团体。”“我们的格局不是一捆一捆扎清楚的柴，而是好像把一块石头丢在水面上所发生的一圈圈推出去的波纹。每个人都是他社会影响所推出去的圈子的中心。被圈子的波纹所推及的就发生联系。每个人在某一时间某一地点所动用的圈子是不一定相同的。”“每一个网络有个‘己’作为中心，各个网络的中心都不同。”“以‘己’为中心，像石子一般投入水中，和别人所联系成的社会关系，不像团体中的分子一般大家立在一个平面上，而是像水的波纹一般，一圈圈推出去，愈推愈远，也愈推愈薄。在这里我们遇到了中国社会结构的基本特性。”“中国传统结构中的差序格局具有这种伸缩能力。”“这个‘家’字可以说最能伸缩自如了。”“自家人的范围是因时因地可伸缩的，大到数不清，真是天下可成一家。”“在差序格局中，社会关系是逐渐从一个一个人推出去的，是私人联系的增加，社会范围是一根根私人联系所构成的网络，因之，我们传统社会里所有的社会道德也只在私人联系中发生意义。”“在西洋社会里争的是权利，而我们却是攀关系、讲交情。”[①]中国传统文化是中国传统社会中差序格局的社会结构在文化层面的一种体现。

2.传统文化的内涵

传统是指历史沿传下来的思想、文化、道德、风俗、艺术、制度以及行为方式等。中国传统文化源远流长，博大精深，既有物质形态的有形文化遗产，也有以非物质形态存在的非物质文化遗产。这些文化遗产记录着中华民族在长期历史进程中形成的价值观念和审美观念，是文化延续和传承的重要载体。

在日常生活中，“传统文化”是一个耳熟能详的词汇。究竟什么是传统文化，传统文化是一种具体的文化形态，但是对于传统文化的内涵，社会上流行着各种不同的观点。一种观点认为，中国传统文化就是特指我国上起先秦下讫清中叶的古代社会里产生并发展起来的文化；一种观点认为，中国传统文化主要是指中国封建时代的文化，但也应该包括近代以来，乃至五四运动以来的新文化；一种观点认为，中国传统文化是根植于民族土壤中的既有稳定状态，又有动态变化，能够包容不同时代的新思想、新血液的文化。

任何一个民族只要有其发展历史，就有本民族的传统文化。传统文化是一个民族在历史发展进程中延续下来的比较稳定的文化，一个民族的历史越悠久，其传统文化也就越丰厚。从这个意

① 费孝通：《乡土中国　生育制度》，北京大学出版社，1998，第24—30页。

义上说，中华民族传统社会的整体生活方式和价值系统就是我们的传统文化，是对中华民族共同精神、思维方式、心理状态和价值取向的高度概括和总结的一种文化，是中华民族最本质、最富特色的文化，不是一个民族在一般意义上代代相传的历史遗产，而是具有顽强生命力的宝贵财富。传统文化影响着人们的心理结构、伦理道德、思维方式、性格特征、价值取向以及审美情趣等。传统文化肇始于过去，贯通于现在，影响着未来。

3.传统文化的特征

中国传统文化的最大特征就是博大精深。所谓博大就是指中国传统文化“弥纶天地”，无所不包；所谓精深就是指传统文化的每一领域、每一方面都有一套精细的理论，渗透着中国人的智慧和哲理。具体说来，中国传统文化具有不间断、包容和多元性的特征。

首先，中国传统文化是不间断的文化。中国传统文化不间断的主要原因就是汉文字在文化传承中起了极大的作用。中国文字是象形文字，文字的构造有象形、假借、会意、指事等方法，因此中国文字不完全是具象化的文字，而是抽象化、意象化了的文字。抽象化的东西容易得到永久的流传，而具象化的东西不能作为精神来流传。

其次，中国传统文化是包容性的文化。中国传统文化是国内各族人民共同创造的结果，同时也吸收了外来的优秀文化。第一，中国文化具有极强的同化力。外来文化进入中国后，大多逐步中国化，融合为中国文化的有机组成部分。数千年来，中国文化一方面始终保持着自己的主导地位，不被外来文化的冲击所瓦解；另一方面，在吸收外来文化成果的基础上，不断发展自身。

第二，中国文化具有极强的融合力。中国传统文化的强大生命力来自对各民族文化的融合，中国传统文化所达到的高度和所取得的成就是汉族和各少数民族文化之间相互融合、共同发展的结晶。

最后，中国传统文化是多元性的文化。中国传统文化的产生发展是一种二元结构的模式。人类文化的产生发展是与水有关的，在近万年的积淀中，逐渐形成了黄河文化与长江文化两大系统。两种文化既有相融相似的一面，也有差异的一面。在青铜器晚期，在黄河文化的轴心地带，儒家文化形成，其代表人物是被尊称为“圣人”的孔子和被尊称为“亚圣”的孟子，其核心价值观就是“仁义”。在长江文化的轴心地带，道家文化形成，其代表人物是被尊称为“道家始祖”的老子和庄子，其核心价值观是“自然”。《庄子》有一则寓言故事，是孔子向老子“语仁义”时，老子给孔子讲的故事。“泉涸，鱼相与处于陆，相呴以湿，相濡以沫，不如相忘于江湖。”这个故事表明，黄河文化与长江文化在思想价值层面上存在着差异。黄河文化主张“相濡以沫”，是被动地应对生存环境；长江文化主张“相忘于江湖”，是主动地开拓生存环境。董仲舒看到了“相濡以沫”对于维持社会稳定、保护既得利益的功能和作用，向汉武帝提出“罢黜百家，独尊儒术”的建议，被汉武帝采纳。从此，以儒家文化为代表的黄河文化成为中国传统文化的重心。[①]

4.传统文化与文化传统

在关于传统文化的研讨中，不可避免地出现了对于传统文化

① 张万红，汪沛，张天德：《中国传统文化概论》，北京师范大学出版社，2013，第2-8页。

与文化传统两个概念及其关系的关注和讨论。关于传统文化与文化传统概念的辨析，早有朱维铮、庞朴、汤一介、丁守和诸位先生做过研究。朱、庞、汤三位先生都认为，传统文化是过去的已经完成的、死的东西，是静态的，文化传统则是活的东西，是动态的，是活在现实中的文化；传统文化是死文化，文化传统是活文化。丁守和先生认为，“文化传统与传统文化确有不同，无论从理论上或从事实上看，传统文化要广泛得多”。[①]

李宗桂认为，文化传统是指受特定文化类型中价值系统的影响，经过长期历史积淀而逐渐形成的、为全民族大多数人所认同的思想和行为方式上的传统。[②]所谓传统文化，从广义的范围讲，是指历史上形成的一切，包括物质、制度和思想等层面。从狭义的范围讲，是指历史上形成的价值观念、思维方式、伦理规范、理想人格、审美情趣的总和。传统文化与文化传统，前者包容后者，后者是前者的集中体现，但并不等于前者。简要地说，所谓传统文化，广义地说就是中华民族在历史上所创造的一切。狭义地说，是指中华民族在历史上创造的思想文化。所谓文化传统，是指中华民族历史上创造的文化中具有稳定性、连续性和传承性的某种价值观念、行为方式、风俗习惯。传统文化包蕴着文化传统，文化传统是传统文化在精神领域的集中体现。传统文化和文化传统都是历史，都可能具有社会作用的两重性，都可能具有生命力，都可能传承到当代。因此，研究、评判和弘扬中国优秀传统文化，应当既包括传统文化，也包括文化传统。

---

① 丁守和：《关于传统文化与文化传统的思考》，《光明日报》，1999年10月29日，第7版。

② 李宗桂：《试论中国优秀传统文化的内涵》，《学术研究》，2013年第11期。

传统文化与文化传统是两个不同，但很容易混淆的概念。文化传统包括文化典范背后的精神、信仰、规则、价值、秩序等，是文化背后的一种精神链条，是在长期的历史发展过程中自然而然、潜移默化地积累起来的生活方式。文化传统可以区分为“大传统”和“小传统”，“大传统”是以典籍文化为代表的精英传统，“小传统”是体现在民众生活中的世俗化的传统。两者之间的区别不是很严格。文化传统牢固不牢固，跟信仰的深度有很大的关系，如果一个民族对于自己传统的信仰非常深沉，这样的传统就非常牢固；如果对于自己的传统信仰不坚定，这样的传统就比较脆弱。在日常生活中，文化传统像潜规则一样起着作用，文化传统指引着人们应该做什么，应该怎么做，怎么待人接物，什么是对，什么是错。文化传统成为人们日常生活经验中的一部分，是在日常生活中通过潜移默化的方式进行传承的。①

三、中华优秀传统文化

1.中华优秀传统文化的内涵

世界上任何一种文化，都有其优秀的、精华的部分，也有其拙劣的、糟粕的部分。中华优秀传统文化是中国传统文化中优秀的、精华的部分。

中华优秀传统文化包含社会和谐、以民为本、求同存异、协和万邦、道法自然、天人合一等内容。张岱年先生说，“中国文

① 张万红，汪沛，张天德：《中国传统文化概论》，北京师范大学出版社，2013，第3页。

化的优秀传统有丰富的内容，其中最主要的是两个基本思想观点：一是人际和谐，二是天人协调”“古代唯物主义与无神论传统、辩证思想、人本思想、坚持民族独立的爱国传统，都是中国文化中的优良传统”“中国文化的优秀传统的核心是关于人生意义、人生价值、人生理想的基本观点，可以称为人本观点”“中国文化的优秀传统的核心就是关于人的自觉的思想”，此外，天人合一、知行合一、以和为贵等，也是中国文化优秀传统中的重要思想，但最重要的是关于人们道德自觉性的思想，这确实是传统文化的精华。

钱逊先生认为，传统文化中的仁爱精神，自强不息精神，富贵不淫、贫贱不移、威武不屈的独立人格精神，忧国忧民、竭诚尽忠的爱国精神，“慎独”的高度自觉的道德精神以及敬老爱幼、尊师重道、温、良、恭、俭、让等，都是传统美德。

罗豪才认为，中华民族在长期发展过程中形成了“天下一统的国家观、人伦和谐的社会观、兼容并蓄的文化观、勤俭耐劳的生活观等为主要特征的中华优秀传统文化”，中华优秀传统文化为中华民族的生存与发展提供了巨大的心灵支撑和强大的内在动力，在中华民族五千年文明史上发挥了重要作用。

杨翰卿、李保林认为，中国传统文化中具有积极意义和当代价值、应当在思想内容上进行转换的，至少或主要有以下两个方面：其一，体现和表达民族精神的内容。如“天下兴亡，匹夫有责”的忧患意识和爱国主义；“兴利除弊”的改革精神，重民贵民的民本思想，“自强不息”，不畏强暴，不怕困难的独立自主、自力更生、吃苦耐劳精神，注重和谐的“和合”思想，“厚德载物”的宽容精神和关于吸收异质文化的“会通精神”，等等。其二，扬善抑恶，注重人格和道德修养的伦理精神和人生价值观念。如“己所不欲，勿施于人”的“仁爱”精神，“勿以恶小而为之，勿以善小而不为”的律己观念，“三军可夺帅，匹夫不可夺志”的人格思想，“杀身成仁”、无私奉献、“以天下为己任”的重气节和大公无私的人生价值观念，“立己立人，达己达人”的重道德精神，等等。这些都是中国传统文化中具有积极意义和当代价值的思想内容。

李宗桂认为优秀文化传统应当具备的特征是反映中国文化健康的精神方向，能够鼓舞人们前进，无论在历史上还是在当代中国文化的建设中，都具有激发民族自信心和自豪感的作用，具有民族文化认同功能，具有历史继承性和稳定性，是中华文化的活精神，在今天仍然具有强大的生命力。优秀文化传统及其在当代的主要表现为自强不息的奋斗精神，和谐统一的博大胸襟，崇德重义的高尚情怀，整体为上的价值取向。中国文化精神的积极方面构成中华民族精神，而中华民族精神是中华文化优秀传统的集中体现，其主要内容为爱国主义的民族情怀、团结统一的价值取向、贵和尚中的思维模式、勤劳勇敢的优良品质、自强不息的进取意识、厚德载物的博大胸襟、崇德重义的高尚情怀、科学民主的现代精神。

2.中华优秀传统文化与社会主义核心价值观

核心价值观是一个国家和民族理想信念和价值追求的精粹，可以激励全体人民为了共同的美好理想而勠力同心、不懈奋斗。核心价值观是一个民族的灵魂和标志，是人们普遍认同、长期遵循的基本价值理念原则，广泛渗入到民族血脉、社会生活和精神世界之中，在社会价值体系中居于核心支配地位和主导引领作用，核心价值观事关一个民族、一个国家的精神追求和前途命运。一个民族的发展兴旺，离不开先进的核心价值观的方向引领；一个国家的团结和睦，离不开先进的核心价值观凝聚共识认同；一种文化的自信自强，离不开先进的核心价值观提供思想精神支撑。习近平总书记指出："核心价值观是文化软实力的灵魂、文化软实力建设的重点。这是决定文化性质和方向的最深层次要素。"

党的十六届六中全会通过的《中共中央关于构建社会主义和谐社会若干重大问题的决定》深刻揭示了社会主义核心价值体系的内涵，明确提出了社会主义核心价值体系的内容。社会主义核心价值观是社会主义核心价值体系的内核。党的十八大报告中，明确提出"三个倡导"，即"倡导富强、民主、文明、和谐，倡导自由、平等、公正、法治，倡导爱国、敬业、诚信、友善，积极培育社会主义核心价值观"，这是对社会主义核心价值观的最新概括。

文化是一个民族的精神家园，中华优秀传统文化是中华民族的精神命脉，是涵养社会主义核心价值观的重要源泉。社会主义核心价值观必须根植于中华优秀传统文化，根植于中华优秀传统文化并不意味着排斥其他优秀文化成果，而应该在继承传统的基础上，兼容并蓄，力求创新，不忘本来，吸收外来、面向未来。中华优秀传统文化为社会主义核心价值观提供丰富的思想资源，是社会主义核心价值观的深厚土壤。爱国主义的民族情怀、贵民重民的民本思想、天人合一的和谐理念、革故鼎新的创新精神、崇德重义的道德观念，是中华优秀传统文化中的重要思想。社会主义核心价值观植根于中华文化沃土，培育和弘扬社会主义核心价值观必须立足中华优秀传统文化。社会主义核心价值观是对中华优秀传统文化的创造性转化和创新性发展。

党领导全国各族人民，推动中华优秀传统文化创造性转化和创新性发展，以中华优秀传统文化思想精神为丰厚滋养，以文化人、以文育人、以文传人，培育践行社会主义核心价值观，彰显出高屋建瓴、独树一帜的文明品格，推动了当代中国社会创新发展和社会主义文化繁荣兴盛。①

本节小结

本节主要阐述了文化的内涵、文化的结构、文化与文明之间的关系；传统文化的形成、传统文化的内涵、传统文化的特征以及传统文化与文化传统之间的关系；中华优秀传统文化的内涵、中华优秀传统文化与社会主义核心价值观的关系。

① 王志东：《中华优秀传统文化是当代中国最深厚的文化软实力》，《光明日报》2019年1月16日第6版。

第二节　中华优秀传统文化的核心要义

中华优秀传统文化是指中华传统文化中历经沧桑而积淀传承下来的精华部分，是中华民族五千年文明智慧的基本元素和珍贵结晶。中华优秀传统文化在很大程度上具有超越时代局限、反映中华文明永恒价值的特征，与社会历史发展方向相贴近，与民族共同体的利益和福祉相契合，与马克思主义中国化一系列重大成果的基本精神相呼应。

中华优秀传统文化作为中华民族的精神之根和文化之魂，历史源远流长、内容博大精深。中华优秀传统文化蕴含着丰富的思想资源和强大的精神力量。在中华民族艰难而辉煌的发展历程中，中华优秀传统文化薪火相传、历久弥新，始终为国人提供精神支撑和心灵慰藉。

近代以来，中华民族经历千年未有之大变局，但中华优秀传统文化不仅弦歌不绝，而且浴火重生，在马克思主义中国化的发展进程中，日益成为中国特色社会主义先进文化的重要思想资源，日益成为中华民族共有精神家园的重要支撑，日益成为新时代鼓舞人民奋勇前进的强大精神力量。实现中国梦，必须充分挖掘和汲取中华优秀传统文化的宝贵资源。我们应具有从中华优秀传统文化中汲取实现中国梦精神力量的高度自觉，进而切实把中华优秀传统文化转化为实现伟大中国梦的强大力量。

中国共产党历来以弘扬中华优秀传统文化为己任，并不断赋予中华优秀传统文化以新的时代内涵。一代又一代的中国共产党人在实现中国梦的奋斗历程中，将“国家兴亡，匹夫有责”的爱国精神，“与时俱进、自强不息”的进取精神，“先天下之忧而忧”的忧患意识，“民为贵、君为轻”的民本思想，“仁者爱人”“为政以德”的仁政文化，“出淤泥而不染”的高洁品质等中华传统文化精华发扬到了历史上前所未有的高度。①“忧国忧民”的爱国主义情怀和“国家兴亡，匹夫有责”的爱国主义精神，刚健有为、与时俱进、自强不息的进取精神，和谐持中的思想境界，厚德载物的宽厚胸怀和以德化人的高尚风范，以修身为本的理念，提倡重义轻利的价值取向等是其核心要义。

一、“忧国忧民”的爱国主义情怀和“国家兴亡，匹夫有责”的爱国主义精神

中华民族在长期发展中形成了具有自己特点的爱国主义思想。爱国主义是中华文明呈现强大生命力的思想基础，是中华民族充满生机和活力的精神支柱。中华民族在长期的历史发展中形成了忧国忧民的忧患意识，从《周易·系辞下》的“作《易》者，其忧患乎”，提出“忧患”一词，屈原“哀民生之多艰”，曹操的“生民百遗一，念之断人肠”，曹植的“捐躯赴国难，视死忽如归”，“闲居非吾志，甘心赴国忧”，杜甫的“朱门酒肉

① 高文兵：《从优秀传统文化中汲取实现中国梦的精神力量》，《人民日报》2013年7月22日第7版。

臭，路有冻死骨”，到范仲淹“先天下之忧而忧，后天下之乐而乐”，都代表了中华民族爱国主义的忧患意识。这种忧患意识寄托着以天下为己任的强烈历史责任感，成为爱国主义的基本精神，成为保卫祖国、振兴祖国的强大精神力量。

中华民族也特别强调和重视报国意识，并把它作为衡量一个人道德和人格是否高尚的试金石，已经凝聚成为民族精神的重要支柱，成为中华民族爱国主义一个富有生命力的生长点。在中国历史上，这种报国意识，不仅增强了民族凝聚力和向心力，而且成为保卫民族独立、捍卫民族尊严、促进国家富强的巨大精神力量，鼓舞着中华民族的优秀儿女为祖国的繁荣昌盛而前赴后继。

中华民族的爱国主义与以爱民为基点的民本主义思想是统一的。早在春秋时期，孟子就提出“民为贵，君为轻，社稷次之”，“乐民之乐者，民亦乐其乐；忧民之忧者，民亦忧其忧。乐以天下，忧以天下，然而不王者，未之有也”，“桀纣之失天下也，失其民也；失其民者，失其心也。得天下有道：得其民，斯得天下矣；得其民有道：得其心，斯得民矣”的主张。《尚书·五子之歌》中提出“民为邦本，本固邦宁”的观点。《后汉书·皇甫规传》注引《孔子家语》中孔子的观点：“孔子曰：‘夫君者舟也，人者水也。水可载舟，亦可覆舟。君以此思危，则可知也。’”

南宋爱国主义诗人陆游在其诸多的诗作中都表达了强烈的爱国主义思想，如在《示儿》中写道：“死去元知万事空，但悲不见九州同。王师北定中原日，家祭无忘告乃翁。”爱国主义诗人文天祥在《过零丁洋》中写道：“辛苦遭逢起一经，干戈寥落四周星。山河破碎风飘絮，身世浮沉雨打萍。惶恐滩头说惶恐，零丁洋里叹零丁。人生自古谁无死，留取丹心照汗青。”李清照在《夏日绝句》中写道：“生当作人杰，死亦为鬼雄。至今思项羽，不肯过江东。”类似这样的爱国主义诗作还有很多。明末清初著名思想家顾炎武“天下兴亡，匹夫有责”，表达了对祖国的忠诚、热爱之情和责任感。作为一个平民百姓，也应关注祖国的命运，以为国效力为己任。

二、刚健有为、与时俱进、自强不息的进取精神

《周易·乾卦·象辞》：“天行健，君子以自强不息。”天道的运行刚健不息，要树立“自强不息”的志向。《论语·子罕》：“子曰：三军可夺帅也，匹夫不可夺志也。”意思是说，人数众多的军队，有可能被夺去它的主帅，一个普通人，却不能强迫他改变志向。《荀子·天论》：“天行有常，不为尧存，不为桀亡。应之以治则吉，应之以乱则凶。”强调的都是人不能将希望寄托于“天”，而应“自为”“自强”。这种坚持不懈、为理想而拼搏的精神逐渐成为中华优秀传统文化重要的组成部分，也正是这种根深蒂固，被中华民族普遍认同的心理，造就了无数仁人志士高尚的人格，铸就了中华民族自强不息的奋斗精神。

司马迁在《报任安书》中列举历尽艰辛，饱尝苦难，奋力拼搏而成大事业的历史人物以自勉：“盖西伯拘而演《周易》，仲尼厄而作《春秋》；屈原放逐，乃赋《离骚》；左丘失明，厥有《国语》；孙子膑脚，《兵法》修列；不韦迁蜀，世传《吕览》；韩非囚秦，《说难》《孤愤》；《诗》三百篇，大抵贤圣发愤之所为作也。”司马迁本人也是在遭受宫刑之后，忍辱负

重，发奋修志，历时十余年，最终写成“究天人之际，通古今之变，成一家之言”的《史记》。

中国历史上还有很多立志奋斗、自强不息的故事，如孙敬头悬梁，苏秦锥刺股，孙康、车胤萤囊映雪，祖逖闻鸡起舞，宋濂寒冬抄书，范仲淹划粥割齑，等等。黄道婆凭借勤劳的本色、叛逆的个性、顽强的意志、革新的精神、爱民的情怀成为我国古代杰出的棉纺织技术革新家。这种自强不息的奋斗精神，经过长期的传承，成为民族精神的重要构成部分，也成为中华传统文化的重要内容，成为推动中华民族不断发展进步的内在的精神力量。

三、和谐持中的思想境界

“人心惟危，道心惟微；惟精惟一，允执厥中”这16个字出自《尚书·大禹谟》，这是中华优秀传统文化的精髓。“人心惟危”是说人心不可靠、潜藏危险；“道心惟微”是说道心非常微妙；“惟精惟一”是说领悟道心要精益求精、专一其心，要“博学、审问、慎思、明辨、笃行”；“允执厥中”就是要真诚地遵守不偏不倚的中庸之道。当尧把帝位传给舜、舜把帝位传给禹的时候，所托付的是天下与百姓的重任，而谆谆嘱咐、代代相传的就是这16个字。后来禹又传给汤，汤传给文、武、周公，文、武、周公又传给孔子，孔子传给孟子。这个传承过程是以心印心，以心传心，因此称为“十六字心传”。

和谐持中是中华传统文化所追求的一种理想境界，坚持中庸之道才能达到和谐的境界。“不偏之谓中，不易之谓庸。中者，天下之正道。庸者，天下之定理。”“喜怒哀乐之未发，谓之中；发而皆中节，谓之和。中也者，天下之大本也；和也者，天下之达道也。致中和，天地位焉，万物育焉。”[①]喜怒哀乐各种感情没有表现出来的时候，叫作中；表现出来以后符合节度，无过不及，叫作和。中是天下的根本，和是天下普遍遵循的规律。达到中和的境界，天地便各在其位了，万物的生长就茂盛了。人人都达到“中和”的境界，整个社会大家都心平气和，社会和自然界很和谐，天下也就太平无事了。中庸是要求处理问题不偏不倚，恰如其分，恰到好处。也就是把握准确的度，既不要不到位，也不要太过分，“过犹不及”。中庸常被人误解，以为是折中调和、庸庸碌碌，不分是非、不讲原则，以为中庸就是平均主义，其实根本不是这样。中庸之“中”，的确要求事物出现平衡状态，但它乃是一个动态的平衡点。处理矛盾交错、情况复杂的社会问题，要做到准确把握一个度，是非常困难的。“天下国家可均也，爵禄可辞也，白刃可蹈也，中庸不可能也！”[②]天下国家是可以治理的，官爵俸禄是可以辞让的，锋利的刀刃是可以践踏而过的，但中庸确实是不容易做到的。

孔子认为公叔文子这个人的言行尺度把握得很好，《论语·宪问》有记载，公叔文子“时然后言，人不厌其言；乐然后笑，人不厌其笑；义然后取，人不厌其取”。[③]公叔文子到该讲话的时候才讲话，因此别人不讨厌他讲话；高兴了才会笑，因此别人不讨厌他笑；合乎道义才去索取，因此别人不讨厌他索取。

---

① 王国轩译注：《大学·中庸》，中华书局，2006，第46页。

② 王国轩译注：《大学·中庸》，中华书局，2006，第63页。

③ 张燕婴译注：《论语》，中华书局，2006，第211页。

四、厚德载物的宽厚胸怀和以德化人的高尚风范

中华优秀传统文化特别强调“德”。《周易》坤卦《象》曰：“地势坤，君子以厚德载物。”地的形势，是坤卦的象征。君子观看这一卦象，要以宽厚的德行承载万物。道德高尚者能承担重大任务。天地间有形的东西，没有比大地更厚道的了，也没有不是承载在大地上的，所以要效法“坤”的意义，以厚德对待他人，无论是聪明、愚笨还是卑劣不肖的都给予一定的包容和容忍。

《周易·系辞下》：“是故《履》，德之基也；《谦》，德之柄也；《复》，德之本也；《恒》，德之固也；《损》，德之修也；《益》，德之裕也；《困》，德之辨也；《井》，德之地也；《巽》，德之制也。”

《履》[①]是道德修养的基础，用来调和人的行为，使人和顺而达到崇高；《谦》[②]是道德修养的要柄，用来调节礼节，使人被尊敬而光明；《复》[③]是道德修养的根本，用来自知过失，在微小之处辨别事物的善恶；《恒》[④]是巩固道德的前提，用来专守一德，

---

① 《履》卦是《周易》第十卦，《象》曰：上天下泽，履。君子以辨上下。君子观看这一卦象，用以辨别区分尊卑，安定民众的志向。

② 《谦》卦是《周易》第十五卦，《象》曰：地中有山，谦。君子以裒多益寡，称物平施。君子观看这一卦象，要减损盛多的而增益寡少的，权衡事物而公平施与。

③ 《复》卦是《周易》第二十四卦，《象》曰：雷在地中，复。先王以至日闭关，商旅不行，后不省方。观看这一卦象，先代的君王在冬至、夏至两日就封闭关卡，商旅不能通行，诸侯也不视察各地。

④ 《恒》卦是《周易》第三十二卦，《象》曰：雷风恒。君子以立不易方。君子观看这一卦象，独立处世，不变易其坚守的原则。

教人周遍而不倦；《损》[1]是修补道德的方法，用来远离祸害，教人先难而后易；《益》[2]是扩充道德的途径，用来增加福利，教人不断增进道德而不造作；《困》[3]是辨别道德的要领，用来减少怨尤，教人身处困境而道德通达；《井》[4]是保持道德的处所，用来辨明道义，教人安居其位而施德于人；《巽》[5]是调节道德的规范，用来随时应变，教人处事得宜而不显露形迹。

《周易 · 系辞下》明确指出："德薄而位尊，知小而谋大，力小而任重，鲜不及矣！"品德浅薄而踞守高位，智慧底浅而思虑图大，力量弱小还想肩扛重任，那就很少有不招来灾祸的。

《康诰》曰："克明德。"是说："能够弘扬光明的品德。"《大甲》曰："顾是天之明命。"是说："顾念上天赋予的光明德性。"《帝典》曰："克明俊德。"是说："能够弘扬崇高的品德。"这些话都是说自己要弘扬光明的品德。"大学之道，在明明德，在亲民，在止于至善。"（《大学》）大学的宗旨，在于弘扬光明正大的品德，在于使人弃旧向新，在于使人的道德达到最完善的境界。

春秋时期的叔孙豹发表了三不朽论，它成为中国人传统的人

---

① 《损》卦是《周易》第四十一卦，《象》曰：山下有泽，损。君子以惩忿窒欲。君子观看这一卦象，克制怨恨，遏制欲望。

② 《益》卦是《周易》第四十二卦，《象》曰：风雷益。君子以见善则迁，有过则改。君子观看这一卦象，看见善行就跟从，有了过错就立即改正。

③ 《困》卦是《周易》第四十七卦，《象》曰：泽无水，困。君子以致命遂志。君子观看这一卦象，要舍命完成自己的志向。

④ 《井》卦是《周易》第四十八卦，《象》曰：木上有水，井。君子以劳民劝相。君子观看这一卦象，要犒劳民众，劝勉扶助他们。

⑤ 《巽》卦是《周易》第五十七卦，《象》曰：随风，巽。君子以申命行事。君子观看这一卦象，宣布政令，实施政事。

生信仰，对后世意义深远。叔孙豹以在社会人群中立德、立功、立言为不朽。“太上有立德，其次有立功，其次有立言，虽久不废，此之谓不朽。”（《左传·襄公二十四年》）

孔子特别强调德的重要性。“为政以德，譬如北辰，居其所而众星拱之。”（《论语·为政》）意思是当政者运用道德来治理国家，就好像北极星，安居其所，而其他众星井然有序地环绕着它。“道之以政，齐之以刑，民免而无耻；道之以德，齐之以礼，有耻且格。”（《论语·为政》）意思是用政令来训导百姓，百姓只会尽量地避免获罪，却没有耻辱心；用道德来引导人们，用礼教来整饬人民，人民就会有耻辱心而且归顺。“骥不称其力，称其德也。”（《论语·宪问》）意思是称赞名马为骥，不是称赞它的气力，而是称赞它的美德。“志于道，据于德，依于人，游于艺。”（《论语·述而》）意思是立志于道，据守着德，依据着仁，而活动于礼、乐、射、御、书、数六艺中。“德不孤，必有邻。”（《论语·里仁》）意思是有道德的人不会孤单，一定会有志同道合者和他做伴。“巧言乱德。”（《论语·卫灵公》）意思是花言巧语能败坏道德。

孟子也强调“德”的重要性。《孟子·梁惠王上》曰：“德何如，则可以王矣？曰：保民而王，莫之能御也。”意思是要有怎样的道德，才能使天下归服呢？安抚老百姓就可以使天下归服，这是没有人能阻拦的。“以德行仁者王，王不待大。”意思是采取惠民举措去实行仁政即可称王于天下，而且称王不必凭借国家的强大。“以德服人者，中心悦而诚服也。”意思是依靠德政使四方民众归服的，那样才是心悦诚服。“天下有达尊三：爵一，齿一，德一。”天下称得上尊贵的东西有三样，爵位算一样，年龄算一样，德行算一样。“尊贤育才，以彰有德。”意思是尊重贤人和培育人才，并表彰具备美好德行的人。

五、以修身为本的理念

中国文化特别强调修身的重要性，正如《大学》中所言，“自天子以至于庶人，壹是皆以修身为本。其本乱，而未治者否矣。其所后者薄，而所薄者厚，未之有也。”[①]上自一国君主，下至平民百姓，人人都要以修养品性为根本。若这个根本被扰乱了，家庭、家族、国家、天下要治理好是不可能的。修身要从格物开始，“物格而后知至，知至而后意诚，意诚而后心正，心正而后身修”。[②]格物就是革除自己的物欲和私欲。人容易利欲熏心，被利欲蒙蔽良知。只有革除蒙蔽心性良知的私欲和物欲，才能够明心见性，达致良知。有了良知才能够意念真诚，心思才能端正。在现实生活中，当一个人独处的时候，要“慎独”，当与他人相处的时候，要做到“己所不欲，勿施于人”“克己复礼”“非礼勿视，非礼勿听，非礼勿言，非礼勿动”，[③]管好自己，然后，“己欲立而立人，己欲达而达人”，利己利人，美美与共，和谐共处，共同发展。

修身的重要性在于，修身不但利己而且利他，“修己以敬”“修己以安人”。最重要的是，修身是齐家、治国、平天下的逻辑起点，“身修而后家齐，家齐而后国治，国治而后天下

---

① 王国轩译注：《大学·中庸》，中华书局，2006，第5页。
② 王国轩译注：《大学·中庸》，中华书局，2006，第4页。
③ 张燕婴译注：《论语》，中华书局，2006，第171页。

平”，品行修养后，才能管理好家庭，才能治理好国家，天下才能太平。“修己以安百姓”，修养自己安定百姓。修身就是要养成一身的浩然正气，“富贵不能淫，贫贱不能移，威武不能屈”，[①]如果每个家庭成员都有一身浩然正气，家风肯定是良好的，如果每个家庭的家风都是好的，国家、社会一定也是风清气正。到近代，孙中山先生表彰《大学》。他赞赏《大学》中的格物、致知、诚意、正心、修身、齐家、治国、平天下的修养目标和修养方法，认为这些都是“应该要保存”的中国的“独有宝贝”。

中国共产党在领导人民进行革命、建设、改革的伟大实践中，自觉肩负起传承发展中华优秀传统文化的历史责任，是中华优秀传统文化的忠实继承者、弘扬者和建设者。1993年，中共中央印发《中国教育改革和发展纲要》，指出要重视对学生进行中国优秀文化传统教育。1995年，《中华人民共和国教育法》明确规定，教育应当继承和弘扬中华民族优秀的历史和文化传统，吸收人类文明发展的一切优秀成果。1999年，《中共中央国务院关于深化教育改革，全面推进素质教育的决定》指出，要有针对性地开展爱国主义、集体主义和社会主义教育，中华民族优秀文化传统和革命传统教育，理想、伦理道德以及文明习惯养成教育。2006年，中央印发《国家“十一五”时期文化发展规划纲要》，对加强优秀传统文化教育作出了具体部署。

党的十八大报告指出，“全面建成小康社会，实现中华民族伟大复兴，必须推动社会主义文化大发展大繁荣，兴起社会主义

① 万丽华，蓝旭译注：《孟子》，中华书局，2006，第125页。

文化建设新高潮，提高国家文化软实力，发挥文化引领风尚、教育人民、服务社会、推动发展的作用。”

2014年3月26日，为贯彻落实党的十八届三中全会关于完善中华优秀传统文化教育的精神，落实立德树人根本任务，进一步加强新形势下中华优秀传统文化教育，国家教育部制定并发布《完善中华优秀传统文化教育指导纲要》（以下简称《纲要》）。《纲要》以弘扬爱国主义精神为核心，从爱国、处世、修身三个层次概括凝练中华优秀传统文化教育的主要内容。一是开展以“天下兴亡，匹夫有责”为重点的家国情怀教育；二是开展以仁爱共济、立己达人为重点的社会关爱教育；三是开展以正心笃志、崇德弘毅为重点的人格修养教育。《纲要》强调了加强中华优秀传统文化教育的重要性和紧迫性：加强中华优秀传统文化教育，是深化中国特色社会主义教育和中国梦宣传教育的重要组成部分，是构建中华优秀传统文化传承体系，推动文化传承创新的重要途径，是培育和践行社会主义核心价值观，落实立德树人根本任务的重要基础。《纲要》还提出了加强中华优秀传统文化教育的指导思想、基本原则和主要内容。

2017年1月25日，中共中央办公厅、国务院办公厅印发《关于实施中华优秀传统文化传承发展工程的意见》（以下简称《意见》）。《意见》分为重要意义和总体要求、主要内容、重点任务、组织实施和保障措施四个部分。《意见》指出，文化自信是更基本、更深层、更持久的力量。中华文化独一无二的理念、智慧、气度、神韵，增添了中国人民和中华民族内心深处的自信和自豪。实施中华优秀传统文化传承发展工程，是建设社会主义文化强国的重大战略任务，对于传承中华文脉、全面提升人民群众文化素养、维护国家文化安全、增强国家文化软实力、推进国家治理体系和治理能力现代化，具有重要意义。《意见》指出了传承发展中华优秀传统文化的主要内容，传承发展中华优秀传统文化，就要大力弘扬讲仁爱、重民本、守诚信、崇正义、尚和合、求大同等核心思想理念；传承发展中华优秀传统文化，就要大力弘扬自强不息、敬业乐群、扶危济困、见义勇为、孝老爱亲等中华传统美德；传承发展中华优秀传统文化，就要大力弘扬有利于促进社会和谐、鼓励人们向上向善的思想文化内容。

党的十九大报告指出，文化是一个国家、一个民族的灵魂。文化兴国运兴，文化强民族强。没有高度的文化自信，没有文化的繁荣兴盛，就没有中华民族伟大复兴。要坚持中国特色社会主义文化发展道路，激发全民族文化创新创造活力，建设社会主义文化强国。中国特色社会主义文化，源于中华民族5000多年文明历史所孕育的中华优秀传统文化，熔铸于党领导人民在革命、建设、改革中创造的革命文化和社会主义先进文化，植根于中国特色社会主义伟大实践。

六、提倡重义轻利的价值取向

中华传统文化以儒家思想为核心，在价值取向上更侧重于个体内在品格的修养，形成了特有的崇仁尚义、重义轻利的非实利主义风格。《论语·里仁》中记载着孔子对于“利”的看法：“富与贵，是人之所欲也，不以其道得之，不处也；贫与贱，则人之所恶也，不以其道得之，不去也。”[①]孔子认为希望拥有财富和权力是人心的一种自然要求，是合理的，前提条件是获得财富与权力的方法要合乎仁道，反对用非正当的手段摆脱贫困和转变社会地位。

对于“利”与“义”的关系，孔子在《论语·述而》中也有明确的阐述：“富而可求，虽执鞭之士吾亦为之；不义而富与贵，于我如浮云。”[②]孔子反对放弃“义”，片面地追逐“利”，他主张义与利的统一。“君子爱财取之有道”，对利益的追求必须受到道德的制约，一个人不管身处何境，无论富有或是贫穷，都要保持道德的自律性。“君子喻于义，小人喻于利”，对于义利关系认识和实践境界的差异是区分君子与小人的标准之一，君子重“义”，小人重“利”，但是不能错误理解为君子不维护自己的正当利益，君子要生活，也有正当的需求，君子的正当利益也是不能被非法侵害的。君子和小人的不同是道德境界的差异，能正确处理眼前利益与长远利益、个人利益与集体利益关系的是君子，在眼前利益与长远利益、个人利益与集体利益发生矛盾和冲突的时候，君子能够着眼于长远利益和集体利益，甚至为了长远利益和集体利益不惜牺牲眼前利益和个人利益。小人则是为了眼前利益和个人利益，而不惜牺牲长远利益和集体利益。

孟子看到了重利轻义的巨大危害性，提出要重义轻利，这是一个关系到国家安危的价值取向问题。在《孟子·梁惠王上》中，孟子通过和梁惠王的对话，阐释了“上下交征利而国危矣”的道理。孟子见梁惠王。王曰：“叟不远千里而来，亦将有以利

① 张燕婴译注：《论语》，中华书局，2006，第42页。

② 张燕婴译注：《论语》，中华书局，2006，第90页。

吾国乎？”孟子对曰：“王何必曰利？亦有仁义而已矣。王曰：‘何以利吾国？’大夫曰：‘何以利吾家？’士庶人曰：‘何以利吾身？’上下交征利而国危矣。万乘之国弑其君者，必千乘之家；千乘之国弑其君者，必百乘之家。万取千焉，千取百焉，不为不多矣。苟为后义而先利，不夺不餍。未有仁而遗其亲者也，未有义而后其君者也。王亦曰仁义而已矣，何必曰利？”如果把义放在后头而把利放在前头，一定会引起争夺的，那样的话，家就危险了，国也危险了。

本节小结

中华优秀传统文化的核心要义是“忧国忧民”的爱国主义情怀和“国家兴亡，匹夫有责”的爱国主义精神，刚健有为、与时俱进、自强不息的进取精神，和谐持中的思想境界，厚德载物的宽厚胸怀和以德化人的高尚风范，以修身为本的理念，提倡重义轻利的价值取向等。党和政府高度重视中华优秀传统文化的传承和弘扬。

第三节　学习习近平总书记关于弘扬中华优秀传统文化的重要论述

党的十八大以来，习近平总书记就中华优秀传统文化的价值和意义多次进行阐述并提出了多个重要论断。他曾在不同场合指出中华优秀传统文化的宝贵价值和独特作用，并要求我们继承与发扬中华优秀传统文化。习近平总书记赋予中华优秀传统文化新的时代内涵，将中华优秀传统文化提升到崭新阶段，将中华优秀传统文化转化为实现中华民族伟大复兴、构建人类命运共同体的强大精神力量。

一、中华优秀传统文化是中华民族的“根”和“魂”

在五千年的历史长河中，中华儿女创造了博大精深、源远流长的中华优秀传统文化，为中华民族的发展壮大提供了精神支撑。习近平总书记指出：“泱泱中华，历史悠久，文明博大。中华民族在几千年历史中创造和延续的中华优秀传统文化，是中华民族的根和魂”，[①]“如果丢掉了，就割断了精神命脉”，[②]“要从弘扬优秀传统文化中寻找精气神”。[③]中国共产党把马克思主义基本原理与中国具体实际有机结合起来，把传承和弘扬中华优秀传统文化与创造和发展社会主义先进文化有机结合起来，继承、维护和发展了中华优秀传统文化这个中华民族的“根”和“魂”。根本和灵魂俱在，这是中华民族存在和发展的重要前提，这是中国共产党带领中国人民取得革命、建设和改革的辉煌成就的一个重要原因。习近平总书记在2014年文艺工作座谈会上谈到德国哲学家雅斯贝尔斯的“轴心时代”，指出中华优秀传统文化自“轴心时代”至今，依然焕发着生机活力、从未中断，究其根源在于中华优秀传统文化强大的感召力、吸引力和影响力。

“中华优秀传统文化是中华民族的文化根脉，其蕴含的思想观念、人文精神、道德规范，不仅是我们中国人思想和精神的内核，对解决人类问题也有重要价值。”[④]孔子是中国传统文化的代表和象征，孔子不仅是中国文化的先哲，而且是全人类的老师。英国历史哲学家汤恩比博士说：“能够帮助解决二十一世纪的世界问题，唯有中国孔孟的学说。”1988年，75位诺贝尔奖得主在巴黎发表联合宣言：“人类在二十一世纪还要生存下去的话，就必须回到2500年前去，吸取孔子的智慧。”我们要将中华优秀传

---

① 习近平主席在庆祝澳门回归祖国15周年大会暨澳门特别行政区第四届政府就职典礼上的讲话[EB/OL].http://www.gov.cn/xinwen/2014-12/20/content_2794531.htm.

② 习近平：在纪念孔子诞辰2565周年国际学术研讨会上的讲话[EB/OL].http://www.xinhuanet.com/politics/2014-09/24/c_1112612018.htm.

③ 习近平总书记同人大代表、政协委员共商国是纪实[EB/OL].http://cpc.people.com.cn/n/2014/0313/c64094-24620609.html.

④ 习近平出席全国宣传思想工作会议并发表讲话[EB/OL].http://www.xinhuanet.com//2018-08/23/c_129938245.htm.

统文化资源置于当代世界文化语境下加以重新挖掘与开发，积极主动地推动中华优秀传统文化走向世界，传播中国声音，讲述中国故事，彰显中华文明对世界文明发展的有益贡献。

二、中华优秀传统文化是中华民族的文化基因和精神家园

文化是民族的血脉，是人民的精神家园。文化是一个不断生成与建构的过程，这种生成与建构的过程是在社会实践的基础上不断吸收优秀文化元素，构成自己基因的过程。文化基因是指相对于生物基因而言的非生物基因，主要表现为信念、习惯、价值观等。中华优秀传统文化已经成为中华民族最根本的文化基因，流传几千年的中华优秀传统文化构筑了中国人的精神家园，形成了中国人共同的文化心理，影响着中国人的思维方式、伦理观念、精神追求和审美取舍。

习近平总书记指出："中华传统文化源远流长、博大精深，中华民族形成和发展过程中产生的各种思想文化，记载了中华民族在长期奋斗中开展的精神活动、进行的理性思维、创造的文化成果，反映了中华民族的精神追求，其中最核心的内容已经成为中华民族最基本的文化基因。"①"中华优秀传统文化已经成为中华民族的基因，植根在中国人内心，潜移默化影响着中国人的思想方式和行为方式。"②"我们的同胞无论生活在哪里，身上都有

① 习近平主持中共中央政治局第十八次集体学习[EB/OL].http://www.gov.cn/xinwen/2014-10/13/content_2764226.htm.

② 习近平在北京大学师生座谈会上的讲话[EB/OL].http://edu.people.com.cn/n/2014/0505/c1053-24973276.html.

鲜明的中华文化烙印，中华文化是中华儿女共同的精神基因。”①

三、中华优秀传统文化是中华民族生生不息、发展壮大的丰厚滋养

中华民族5000多年文明历史所孕育的中华优秀传统文化，代表着中华民族独特的精神标识。中华优秀传统文化为中华民族生生不息、发展壮大提供了丰厚滋养。中华优秀传统文化是中国特色社会主义植根的文化沃土，是马克思主义中国化的文化根基，是发展当代中国马克思主义的丰厚滋养。

中华文化强调“民惟邦本”“天人合一”“和而不同”；强调“天行健，君子以自强不息”“大道之行也，天下为公”；强调“天下兴亡，匹夫有责”，主张以德治国、以文化人；强调“君子喻于义”“君子坦荡荡”“君子义以为质”；强调“言必信，行必果”“人而无信，不知其可也”；强调“德不孤，必有邻”“仁者爱人”“与人为善”“己所不欲，勿施于人”“出入相友，守望相助”“老吾老以及人之老，幼吾幼以及人之幼”“扶贫济困”“不患寡而患不均”；等等。像这样的思想和理念，不论过去还是现在，都有其鲜明的民族特色，都有其永不褪色的时代价值。②

习近平总书记指出：“从历史的角度看，包括儒家思想在内

---

① 习近平：中华文化是海内外中华儿女共同的魂[EB/OL].http://www.ce.cn/xwzx/gnsz/szyw/201406/07/t20140607_2937068.shtml.

② 习近平在北京大学师生座谈会上的讲话[EB/OL].http://edu.people.com.cn/n/2014/0505/c1053-24973276.html.

的中国传统思想文化中的优秀成分，对中华文明形成并延续发展几千年而从未中断，对形成和维护中国团结统一的政治局面，对形成和巩固中国多民族和合一体的大家庭，对形成和丰富中华民族精神，对激励中华儿女维护民族独立、反抗外来侵略，对推动中国社会发展进步、促进中国社会利益和社会关系平衡，都发挥了十分重要的作用。”[①]

四、中华优秀传统文化是涵养社会主义核心价值观的重要源泉

核心价值观，就是一个国家、一个民族的价值共识或社会主流价值观。社会主义核心价值观就是当代中国的价值理想和价值共识，是统摄社会多元价值观的主流价值理念和规范。社会主义核心价值观是决定中国文化性质和方向的最深层次要素，是中国文化软实力的灵魂。社会主义核心价值观只有根植于中华优秀传统文化的源泉之中，才能成为中国人民的价值追求和行为规范；中华优秀传统文化只有为社会主义核心价值观所继承和升华，并服务于中国特色社会主义事业，才能彰显其当代价值，激发其时代活力，使之传承下去。

习近平总书记指出：“核心价值观，其实就是一种德，既是个人的德，也是一种大德，就是国家的德、社会的德。国无德不兴，人无德不立。如果一个民族、一个国家没有共同的核心价值观，莫衷一是，行无依归，那这个民族、这个国家就无法

---

① 习近平：在纪念孔子诞辰2565周年国际学术研讨会上的讲话[EB/OL].http://www.xinhuanet.com/politics/2014-09/24/c_1112612018.htm.

前进。这样的情形，在我国历史上，在当今世界上，都屡见不鲜。”①“一个民族、一个国家的核心价值观必须同这个民族、这个国家的历史文化相契合，同这个民族、这个国家的人民正在进行的奋斗相结合，同这个民族、这个国家需要解决的时代问题相适应。”②“我们提倡的社会主义核心价值观，就充分体现了对中华优秀传统文化的传承和升华。”③“中华优秀传统文化是中华民族的精神命脉，是涵养社会主义核心价值观的重要源泉，也是我们在世界文化激荡中站稳脚跟的坚实根基。”④

五、中华优秀传统文化是实现中华民族伟大复兴中国梦的重要精神支撑

中华民族伟大复兴中国梦是以习近平同志为核心的党中央提出的重大战略思想，是党和国家面向未来的政治宣言。它着眼于坚持和发展中国特色社会主义，体现了中国共产党高度的历史担当和使命追求。实现中华民族伟大复兴的中国梦，需要强大的精神力量作为支撑，没有中华文化的繁荣兴盛，没有中国人民精神世界的极大丰富，没有中华民族精神力量的不断增强，就没有中华民族的伟大复兴。习近平总书记指出：“一个国家、一个民族的强盛，总是以文化兴盛为支撑的，中华民族伟大复兴需要以中

---

① 习近平在北京大学师生座谈会上的讲话[EB/OL]. http://edu.people.com.cn/n/2014/0505/c1053-24973276.html.

② 同上。

③ 同上。

④ 习近平在文艺工作座谈会上的讲话[EB/OL].http://culture.people.com.cn/n/2014/1015/c22219-25842812.html.

华文化发展繁荣为条件。”①“文化是一个国家、一个民族的灵魂。文化兴国运兴，文化强民族强。没有高度的文化自信，没有文化的繁荣兴盛，就没有中华民族伟大复兴。要坚持中国特色社会主义文化发展道路，激发全民族文化创新创造活力，建设社会主义文化强国。”②中华优秀传统文化是中华民族的文化基因和精神家园，是中国特色社会主义植根的文化沃土，是涵养社会主义核心价值观的重要源泉，是实现中华民族伟大复兴中国梦的重要精神支撑。

六、中华优秀传统文化是治国理政的重要思想文化资源

中华优秀传统文化中一直贯穿着民本主义思想。儒家从爱民的观点出发，主张“德治”“仁政”。孔子提出了“为政以德”，其核心就是爱民。孟子进一步提出了“民贵君轻”的思想，对民本主义思想作了进一步的发展，主张为政者要得民心，顺民意，“得民心者得天下，失民心者失天下”。荀子以水与舟的关系作了一个形象的比喻，“水能载舟，亦能覆舟”。中华优秀传统文化中的民本主义思想成为马克思主义唯物史观在中国传播和接受的基础，成为中国共产党全心全意为人民服务思想的理论来源。

习近平总书记深刻认识到中华优秀传统文化的价值与意义，

① 习近平在山东考察：汇聚全面深化改革的强大正能量[EB/OL].http://www.gov.cn/ldhd/2013-11/28/content_2537584.htm.

② 习近平：决胜全面建成小康社会 夺取新时代中国特色社会主义伟大胜利——在中国共产党第十九次全国代表大会上的报告[EB/OL].http://www.gov.cn/zhuanti/2017-10/27/content_5234876.htm.

并将其作为治国理政的重要思想文化资源。他反复强调，要从传统文化中寻找治国理政的经验借鉴和智慧启示。习近平总书记在纪念孔子诞辰2565周年国际学术研讨会开幕会上的讲话中指出："世界上一些有识之士认为，包括儒家思想在内的中国优秀传统文化中蕴藏着解决当代人类面临的难题的重要启示，比如，关于道法自然、天人合一的思想，关于天下为公、大同世界的思想，关于自强不息、厚德载物的思想，关于以民为本、安民富民乐民的思想，关于为政以德、政者正也的思想，关于苟日新日日新又日新、革故鼎新、与时俱进的思想，关于脚踏实地、实事求是的思想，关于经世致用、知行合一、躬行实践的思想，关于集思广益、博施众利、群策群力的思想，关于仁者爱人、以德立人的思想，关于以诚待人、讲信修睦的思想，关于清廉从政、勤勉奉公的思想，关于俭约自守、力戒奢华的思想，关于中和、泰和、求同存异、和而不同、和谐相处的思想，关于安不忘危、存不忘亡、治不忘乱、居安思危的思想，等等。中国优秀传统文化的丰富哲学思想、人文精神、教化思想、道德理念等，可以为人们认识和改造世界提供有益启迪，可以为治国理政提供有益启示，也可以为道德建设提供有益启发。"

习近平总书记提出"必须坚持以人民为中心的发展思想，不断促进人的全面发展、全体人民共同富裕"。[①]以人民为中心思想的形成与发展就是坚持马克思主义基本原理与中国的具体实际相结合，与中华优秀传统文化基因相结合的产物。以人民为中心思

① 习近平：决胜全面建成小康社会　夺取新时代中国特色社会主义伟大胜利——在中国共产党第十九次全国代表大会上的报告[EB/OL].http://www.gov.cn/zhuanti/2017-10/27/content_5234876.htm.

想把人民作为实践主体、认识主体、价值主体、历史主体，始终坚持人民立场，坚信党的根基和力量在人民，体现出中国共产党人的治国理念和执政实践。习近平总书记强调："人民立场是中国共产党的根本政治立场，是马克思主义政党区别于其他政党的显著标志。"①

七、中华优秀传统文化是中国特色社会主义植根的文化沃土

习近平总书记指出："独特的文化传统，独特的历史命运，独特的基本国情，注定了我们必然要走适合自己特点的发展道路。"②必须把马克思主义的普遍真理同中国的具体实际结合起来，走自己的道路，建设有中国特色的社会主义。"中国特色社会主义植根于中华文化沃土、反映中国人民意愿、适应中国和时代发展进步要求，有着深厚历史渊源和广泛现实基础。"③中国特色社会主义道路不仅要立足于中华优秀传统文化所形成的既定历史基础，而且中华优秀传统文化独特的精神品质也为中国特色社会主义道路提供了启迪。"实现中国梦必须走中国道路。这就是中国特色社会主义道路。这条道路来之不易，它是在改革开放30多年的伟大实践中走出来的，是在中华人民共和国成立60多年的持续探索中走出来的，是在对近代以来170多年中华民族发展历程

---

① 习近平：在庆祝中国共产党成立95周年大会上的讲话[EB/OL].http://www.xinhuanet.com/politics/2016-07/01/c_1119150660.htm.

② 习近平出席全国宣传思想工作会议并发表重要讲话[EB/OL].http://www.china.com.cn/news/politics/2013-08/20/content_29776139.htm.

③ 同上。

的深刻总结中走出来的，是在对中华民族5000多年悠久文明的传承中走出来的，具有深厚的历史渊源和广泛的现实基础。”①

习近平总书记指出：“经过长期努力，中国特色社会主义进入了新时代，这是我国发展新的历史方位。”十九大修订的党章把习近平新时代中国特色社会主义思想作为党的指导思想，作为马克思主义中国化最新理论成果，习近平新时代中国特色社会主义思想在价值立场、历史担当、谋篇布局、世界价值等方面都体现出对中华优秀传统文化的传承与创新。

八、中华优秀传统文化是中华民族在世界文化激荡中站稳脚跟、坚定文化自信的坚实根基和突出优势

文化安全事关国家的总体安全水平。当前文化安全问题凸显，西方文化霸权主义肆虐。为了反对西方的文化霸权主义，充分发挥中华优秀传统文化的独特优势，促进中华优秀传统文化的创造性转化与创新性发展，提高文化软实力，推动中华优秀传统文化积极“走出去”，是中华民族在世界文化激荡中站稳脚跟、坚定文化自信的坚实根基和突出优势。习近平总书记明确指出：“文化自信，是更基础、更广泛、更深厚的自信。”②“我们说要坚定中国特色社会主义道路自信、理论自信、制度自信，说到底是要坚定文化自信。文化自信是更基本、更深沉、更持久的

① 习近平在十二届全国人大一次会议闭幕会上发表重要讲话[EB/OL].http://news.cnr.cn/special/2014lh/gd/20140228/t20140228_514960556.shtml.

② 习近平：在庆祝中国共产党成立95周年大会上的讲话[EB/OL]. http://www.xinhuanet.com/politics/2016-07/01/c_1119150660.htm.

力量。历史和现实都表明，一个抛弃了或者背叛了自己历史文化的民族，不仅不可能发展起来，而且很可能上演一场历史悲剧。”[①]“坚定文化自信，是事关国运兴衰、事关文化安全、事关民族精神独立性的大问题。”[②]

文化自信绝非是对自己文化的一味赞美而罔顾其中显见的缺陷。文化自觉是文化自信的前提，只有对自己的文化拥有科学的、理性的认知，才能形成不卑不亢的文化心态，才能大力弘扬中华优秀传统文化中跨越时空、超越国度、富有永恒魅力、具有当代价值的文化精神。习近平总书记指出：“提高国家文化软实力，要努力展示中华文化独特魅力。在5000多年文明发展进程中，中华民族创造了博大精深的灿烂文化，要使中华民族最基本的文化基因与当代文化相适应、与现代社会相协调，以人们喜闻乐见、具有广泛参与性的方式推广开来，把跨越时空、超越国度、富有永恒魅力、具有当代价值的文化精神弘扬起来，把继承传统优秀文化又弘扬时代精神、立足本国又面向世界的当代中国文化创新成果传播出去。”[③]

---

① 习近平：在哲学社会科学工作座谈会上的讲话[EB/OL].http://www.chinanews.com/gn/2016/05-19/7875385.shtml.

② 习近平：在中国文联十大、中国作协九大开幕式上的讲话[EB/OL].http://www.china.com.cn/cppcc/2016-12/01/content_39824276_3.htm.

③ 习近平主持政治局集体学习：增强做中国人骨气底气[EB/OL].http://www.chinanews.com/gn/2013/12-31/5685623.shtml.

本节小结

习近平总书记就中华优秀传统文化的价值和意义多次进行阐述并提出了多个重要论断。中华优秀传统文化是中华民族的“根”和“魂”；是中华民族的文化基因和精神家园；是中华民族生生不息、发展壮大的丰厚滋养；是涵养社会主义核心价值观的重要源泉；是实现中华民族伟大复兴中国梦的重要精神支撑；是治国理政的重要思想文化资源；是中国特色社会主义植根的文化沃土；是中华民族在世界文化激荡中站稳脚跟、坚定文化自信的坚实根基和突出优势。

第三章

中华优秀传统文化与“四自”精神和男女平等基本国策

自尊、自信、自立、自强的“四自”精神是中华民族精神和时代精神的组成部分，是广大妇女生存和发展的强大精神动力。弘扬中华民族精神和时代精神，为“四自”精神注入新的内容和新的活力。

挖掘中华优秀传统文化中所蕴含的平等与男女平等的思想内涵，为男女平等基本国策提供坚实的中国文化基础，能够更好地推进男女平等基本国策的落实，向世界讲好中国男女平等的故事，为全世界男女平等事业的发展贡献中国智慧。

中国共产党从成立之日起，就既是中华优秀传统文化的忠实传承者和弘扬者，又是中国先进文化的积极倡导者和发展者。在中国革命、建设、改革的各个不同历史时期，我们党始终坚持把实现妇女解放和妇女发展、实现男女平等写在自己奋斗的旗帜上。改革开放后，为了提升我国女性的自我意识，增强我国女性的成功动机和社会竞争力，使妇女发展与社会发展同步，促进男女平等，全国妇联提出并正式确立自尊、自信、自立、自强的“四自”精神，鼓励和支持女性群体通过提升素质来迎接新的社会挑战。在1995年召开的第四次世界妇女代表大会上，江泽民主席向全世界承诺将男女平等作为我国的一项基本国策。自此之后，相继采取了一系列措施促进男女平等基本国策的落实，取得了举世瞩目的成就。中国共产党继承发展马克思主义妇女观，积极推进男女平等，并把男女平等作为我国的基本国策分别写进党的十八大报告和十九大报告中，进一步丰富和发展了马克思主义妇女观。

“四自”精神和男女平等思想是有其历史和文化基础的。虽然“四自”精神和男女平等这些现在广泛使用的概念没有在传统文化中出现，但是传统文化中却蕴含着丰富的“四自”精神和男女平等的思想。中国共产党以马克思主义为指导，推动中华优秀传统文化创造性转化与创新性发展，继承和弘扬传统文化中关于“四自”精神和男女平等的思想，立足于中国革命、建设、改革的伟大实践，坚持走中国特色社会主义妇女发展道路，提出促进妇女发展的“四自”精神，积极推动男女平等的实现。研究和梳理传统文化中蕴含的“四自”精神与男女平等思想，为“四自”精神和男女平等基本国策奠定坚实的历史和文化基础，能够更好地弘扬“四自”精神，更好地落实男女平等基本国策。

第一节　中华优秀传统文化与“四自”精神

“四自”精神是马克思主义妇女观中国化的重要成果，是中国共产党在中国特色社会主义妇女工作实践中的一个伟大理论创新，是对中华优秀传统文化中所蕴含的“自尊”“自信”“自立”“自强”思想的创造性转化与创新性发展。“四自”精神有着深厚的历史和文化背景，“四自”精神是中华民族文化和中华民族精神的延续，是中华民族时代精神的重要内容。

一、“四自”精神提出的社会背景

“四自”精神的提出有着深刻的社会历史背景。新中国成立以后，中国妇女获得了彻底的解放，中国妇女运动经由制度给予而实现的男女平等和妇女解放呈现出较为复杂的发展态势。改革开放前，女性被赋予“半边天”社会地位，社会主义制度给予妇女发展的空间，这些在很大程度上掩盖了女性群体素质发展的局限。改革开放对妇女群体的素质提出了全新要求，要求妇女从观念到行为的全面转型。改革开放后，社会竞争机制的形成在一定范围内松动了制度给予妇女的保护，女性群体素质发展的欠缺凸显出来。特别是在20世纪80年代初期，“妇女回家”“阶段性就业”的论调甚嚣尘上。就业中的性别隔离与性别歧视，家庭暴力乃至拐卖妇女等丑恶现象层出不穷。如何改变我国女性整体上自我意识弱、成功动机低、社会竞争力差的状况，如何使女性发展与社会进步的步伐协调一致，中国妇女运动的新发展，要求新的理念和指导精神的出现。

正是基于这样一个背景，全国妇联提出并正式确立妇女“四自”精神，其精神实质就是要鼓励和支持女性群体从观念到行为全面转型，通过整体素质的提升迎接社会的挑战。“四自”精神蕴含着我国妇女运动新的理念和指导思想，即推动妇女群体的发展和进步，既要依靠党和国家的支持与帮助，更要依靠妇女群体自身的努力和奋斗。没有妇女自身的觉醒，没有女性群体意识和素质的全面提升，就不会有真正的女性解放和两性和谐。

中国妇女“四自”精神提出以后，极大地鼓舞了广大妇女在新的社会历史条件下发展自己，完善自己，在激烈的竞争中主动进取，创造业绩；对于妇联更有效地组织妇女，推动妇女事业的发展也有巨大作用。

党的十一届三中全会以来，邓小平同志发表了一系列重要讲话和文章，深刻论述社会主义精神文明建设的内容、任务、目标等重要问题，并且根据新的形势和任务，总结新中国成立以来人才培养的经验教训。1982年召开的党的十二大，根据拨乱反正胜利完成之后的形势要求，提出把马克思主义的普遍真理同我国的具体实际结合起来，走自己的路，建设有中国特色社会主义；同时，针对社会上出现的一些歧视妇女、侵犯妇女儿童合法权益、损害妇女儿童身心健康，甚至拐卖和残害妇女儿童的现象，特别是针对早已绝迹的丑恶现象又重新出现，明确要求妇联组织应当成为代表妇女利益，保护和教育妇女，保护和教育儿童的有权威的群众团体。1983年4月，中共中央书记处从当时妇女群众和妇女运动的实际出发，确定妇女工作的方针是：坚决维护妇女儿童的合法权益，抚育、培养、教育儿童少年健康成长，充分发挥妇女在建设社会主义物质文明和精神文明中的重大作用。1983年9月2日，在中国妇女第五次全国代表大会上，康克清同志作了题为《奋发自强开创妇女运动新局面》的工作报告。在这份报告中，康克清同志代表全国妇联首次提出“四自”，即“自尊、自爱、自重、自强”。为了贯彻落实十二大报告和党中央的指示精神，中国妇女第五次全国代表大会要求各族各界妇女，要在社会主义物质文明和精神文明建设中充分发挥自己的主动性和创造性，提高素质，再立新功；要学习法律，懂得法律，珍惜宪法和法律赋予自己的神圣权利，懂得实现这些权利，既要依靠党和国家的支持与帮助，更要依靠妇女自身的团结和努力。大会向广大妇女提出了一个响亮的口号：“自尊、自爱、自重、自强”，勇敢地捍卫法律赋予自己的神圣权利，绝不向邪恶势力低头，不受封建残余思想的束缚，不当资本主义腐朽思想的俘虏，更不能做丧失人格、国格的事情。

在1986年9月召开的十二届六中全会上通过的《中共中央关于社会主义精神文明建设指导方针的决议》指出：“社会主义精神文明建设的根本任务，是适应社会主义现代化建设的需要，培育有理想、有道德、有文化、有纪律的社会主义公民，提高整个中华民族的思想道德素质和科学文化素质。”1987年，党的十三大胜利召开并根据邓小平同志的思想，系统论述了社会主义初级阶段的理论，完整地概括了党在社会主义初级阶段的基本路线，确立了我国经济建设分三步走的战略部署。全国各族人员包括广大妇女在党的领导下，以经济建设为中心，坚持四项基本原则，坚持改革开放，使国家的经济、政治和社会面貌发生了深刻的变化。这种形势要求我国妇女必须在原有“四自”的基础上迎接新的挑战，变“自爱”“自重”为“自信”“自立”，战胜双重角色和双重负担带来的困难和压力，不受“妇女回家去”思潮的影响，坚持参与经济建设和社会发展，走自立、自强的道路。

1988年9月1日，在中国妇女第六次全国代表大会上，张帼英书记作了题为《自尊、自信、自立、自强，为争取改革攻坚阶段的胜利建功立业》的工作报告。报告指出：在改革竞争的大环境中，当代妇女要争取自身的进一步解放，必须努力提高思想道德素质和科学文化素质，树立自尊、自信、自立、自强的新女性意识。“四自”内容这一重要调整是适时的，也是必要的。新的“四自”内容在仍然要求妇女“自尊”“自强”的同时，更加强调妇女“自信”“自立”，要求妇女相信自己的力量，坚定自己的信念，反对妄自菲薄；树立独立意识，体现自己的社会价值，反对依附顺从。这是我国改革开放不断深化的形势对妇女素质提出的基本要求。中国妇女六大提出的“四自”口号，得到了党和国家的充分肯定。第六次全国代表大会调整“四自”内容之后，全国妇联于1989年11月2日向各省（区）市妇联和计划单列市妇联发出《全国妇联关于加强宣传、思想工作的意见》的通知，明确地指出：“当前和今后一个时期，妇联宣传思想工作经常性的任务，就是要结合实际，对妇女进行以经济建设为中心，坚持四项基本原则，坚持改革开放的党的基本路线教育；爱国主义、集体主义、社会主义和自力更生、艰苦奋斗、勤俭建国教育；有理想、有道德、有文化、有纪律的‘四有’教育；自尊、自信、自立、自强的‘四自’教育。”

从此，全国妇联一直抓住“四有”“四自”教育不放，坚持用科学的理想、共同的信念、一致的行动，将中国妇女凝聚成一个整体；以“四有”“四自”为一致的追求目标，团结和带领广大妇女在新征途上共同奋斗。中国妇女第八次全国代表大会把这一条作为长期积累的基本经验作了高度的概括。这就说明，全国妇联认真贯彻落实党中央的指示精神，从妇女工作和妇女发展的实际出发，辩证地分析“四有”与“四自”之间的关系，以“四有”为基础和导向，把“四自”与“四有”有机地结合起来，为妇女确定了新时期的人生目标，也在更深层的意义上发展了“四自”理论。

1989年中共中央《关于加强和改善党对工会、共青团、妇联工作领导的通知》中指出：“妇联要教育广大妇女‘自尊、自信、自立、自强’，激励她们奋发上进，在建设和改革事业中充分发挥聪明才智和积极作用。”江泽民同志在纪念三八国际妇女节80周年大会上的讲话，不仅系统阐述了马克思主义妇女观，而且号召广大妇女努力提高自身素质，学习文化科学知识，发扬“自尊、自信、自立、自强”的精神，进一步增强历史使命感和责任感，做社会主义有理想、有道德、有文化、有纪律的新女性。这既是对广大妇女的动员令，也是对“四有”“四自”新女性目标的充分肯定，是对全国妇联发展“四自”理论的充分肯定。1992年，第七届全国人民代表大会第五次会议通过的《中华人民共和国妇女权益保障法》规定：“国家鼓励妇女自尊、自信、自立、自强，运用法律维护自身合法权益。”

2013年10月28日，王岐山在中国妇女第十一次全国代表大会上的祝词《在中国特色社会主义伟大实践中撑起半边天》中指出：“我国妇女思想觉悟全面提高，自身素质不断提升，创造热情空前高涨，精神面貌焕然一新，涌现出一批又一批可歌可泣的巾帼英雄，奏响了一曲曲自尊、自信、自立、自强的巾帼之歌，在中国特色社会主义伟大实践中撑起半边天。”2018年11月2日，习近平总书记在同妇女十二大选举产生的全国妇联新一届领导班子的集体谈话中指出：“要引导妇女发扬爱国奉献精神，自尊自信自立自强，以行动建功新时代，以奋斗创造美好生活，在祖国改革发展的伟大事业中实现自身发展，在人民创造历史的伟大奋斗中赢得出彩人生。”2018年11月2日，通过的《中华全国妇女联合会章程》明确规定全国妇联的任务是，“教育引导妇女树立自尊、自信、自立、自强的精神，提高综合素质，实现全面发展”。

二、“四自”精神的内涵

1.自尊是女性确立主体意识和道德意识的前提

自尊，就其本意而言是指承认、保持自己尊严的行为和情感。自尊包括自我尊重和自我接受两个方面。“自尊”就是尊重自己的人格，对自己作出肯定的评价，认识和确立自身的社会价值，不向别人卑躬屈膝，也不容许别人歧视、侮辱、贬低自己，理直气壮地维护自己的尊严。卢梭曾指出：“自尊是一件宝贵的工具，是驱动一个人不断向上发展的原动力。它将全然地激励一个人体面地去追求赞美、声誉，创造成就，把他带向他人生的最高点。”只有具有自尊的人，才能以合理的方式和方法追求荣誉与成功。当代女性的自尊是指女性以道德允许的方式去实现自己的主体意识和主体价值。

2.自信是女性走向成功的起点

“自信”，就是相信自己的力量，对自己充满信心，不能过分轻视自己，不要压抑自己的志气，勇于用自己的行动去独立承担责任与义务，在为社会作贡献中实现自身价值。自信是对自我的认识和肯定，是人对自身价值和能力的积极评估，它是一种心理能量。女性的自信是建立在对女性优势和对自己优势发现的基础上的，自信的人，对自己的能力包括潜能有积极的评价，因而对自己抱有较高的期望，会给自己设定一个较高的目标，并为实现这个目标去做必要的准备和长期的奋斗。在遭受挫折的时候，不是首先怀疑自己的能力和目标的正确与否，而是把挫折视为达到成功的必要付出，甚至屡战屡败也不丧失信心。

3.自立是女性争取社会平等的核心

“自立”，就是树立独立意识，有自己的看法、选择和判断，不盲目依附，不违心顺从，敢于与男子并驾齐驱，依靠自己的力量去承担社会责任，体现自己的社会价值。女性的“自立”首先是经济上、生活上的独立，但同时，甚至更重要的还有思想上、行为上的独立。女性要有一种不屈服于所谓的“时尚”的精神，保持自己独立的判断，走自己的路。只有人格上的自立与独立，才能真正有所建树。

4.自强是女性建功立业的根本

“自强”，就是具有特别的毅力和韧性，努力向上，永不懈怠，顽强拼搏，不怨天尤人，不自甘落后，胜不骄败不馁，全力争取达到预期目的。女性的“自强”是指女性的自强不息、顽强进取。

三、中华优秀传统文化中蕴含着丰富的“自尊”“自信”“自立”“自强”的思想

1.“自尊”是中华优秀传统文化的精神特质

有志向和气节的人，会时刻保持自己的志向和气节，纵然在危急时刻，也能恪守己道，保持自尊。《礼记》记载：齐大饥，黔敖为食于路，以待饿者而食之。有饿者，蒙袂辑履，贸贸然来。黔敖左奉食，右执饮，曰：“嗟，来食！”扬其目而视之，曰：“予唯不食嗟来之食，以至于斯也。”从而谢焉，终不食而死。这个故事甚为惨烈，讲的是一个逃荒之人，因为受到富人不礼貌的待遇，而不接受施舍，最终宁肯饿死。做人气节之高，无可攀越者。孔子路过“盗泉”，口很渴，但因为泉水的名字为“盗泉”，遂忍耐干渴，不饮其水。不饮“盗泉之水”，是为了保持名节，因对“盗”的鄙视，而用自己的行为言传身教做人的道理。“志士不饮盗泉之水，廉者不受嗟来之食”，是对做人气节的称颂与赞美。提倡做人应有骨气，宁可克制自然生理的、强

烈的、基本的欲望，直至断送性命，也不做摧眉折腰、苟且偷生之事。《后汉书·列女传·乐羊子妻》记载："羊子尝行路，得遗金一饼，还以与妻。妻曰：'妾闻志士不饮盗泉之水，廉者不受嗟来之食，况拾遗求利，以污其行乎！'"一个人的尊严高于生命，孔子说："三军可夺帅也，匹夫不可夺志也。"《礼记·儒行》："可杀而不可辱也。"宁可去死，也不愿受侮。

孟子说，人要养成浩然正气，浩然正气是一个有气节的人"自尊"的表现："富贵不能淫，贫贱不能移，威武不能屈，此谓之大丈夫！"陶渊明不为五斗米折腰，这是一个士大夫的"自尊"。李白"安能摧眉折腰事权贵，使我不得开心颜"，这是一个浪漫主义诗人的"自尊"。《周易·文言》曰"在下位而不忧"，意思是一个人虽然身处下位，但不自暴自弃。《周易·系辞下》曰"君子上交不谄"，意思是与有权力的上级领导交往并不谄媚，依然要保持自己的人格尊严。《中庸》也强调中庸而"自尊"的思想，《中庸》曰"在上位，不陵下；在下位，不援上"，意思是处于上位的人，不能欺凌在下位的人；处于下位的人，不要攀缘在上位的人，自己尊重自己才能赢得别人的尊重。

2."自信"是中华优秀传统文化的基质

中华优秀传统文化有"自信"的文化因子。孔子畏于匡的时候说："文不在兹乎？匡人其如予何！"伐树于宋的时候说："天生德于予，桓魋其如予何！"绝粮于陈困于宋的时候说"君子固穷"，这是孔子对自己担负的文化传播使命的"自信"。孔子认同颜回"夫子之道至大"的评判，这是孔子对自己学说的"自信"，是何等的"自信"！刘向《列女传》记载："钟离春者，齐无盐邑之女，宣王之正后也。其为人也，极丑无双，臼头深目，长壮大节，卬鼻结喉，肥项少发，折腰出匈（通“胸”），皮肤若漆。年四十，行嫁不售。”钟离春是中国古代四大丑女之一，外貌极丑，四十岁不得出嫁，自请见齐宣王，陈述齐国危难四点，为齐宣王采纳，立为王后。钟离春虽然相貌丑陋，不但不自卑，反而非常“自信”，凭借自己的才华和“自信”，说服了齐宣王，挽救了国家，并且有了好的归宿。

中华优秀传统文化中蕴含着丰富的“自尊”“自信”“自立”“自强”的思想。改革开放后，全国妇联提出的指导新时期妇女工作和妇女发展的“四自”精神是立足于中国特色社会主义妇女运动的伟大实践，是对中华优秀传统文化中“自尊”“自信”“自立”“自强”思想的创造性发展和创新性转化。

3.“自立”是中华优秀传统文化的逻辑起点

中华优秀传统文化是以人为本的文化，强调人的自立。人要立身于世，首先要有立世的本领，“不患无位，患所以立”（《论语·里仁》），意思是说，不发愁没有职位，只发愁没有任职的本领。人要靠自己的劳动获取正当的收入，不能贪图不义之财，“君子爱财取之有道”（《增广贤文》），“不义而富且贵，于我如浮云”。人要立身于世，还要学会尊重别人，对人要讲礼，“不学礼，无以立”（《论语·季氏》），意思是不学礼，便没有立足社会的依据。“三十而立”（《论语·为政》），意思是三十岁，懂礼仪，说话做事都有把握。“君子敬而无失，与人恭而有礼。四海之内，皆兄弟也”（《论语·颜渊》），意思是对待别人辞色恭谨，合乎礼节，天下之大，到处都是好兄弟。要能够很好地立身于世，还要有“己欲立而立人，己欲达而达人”（《论语·雍也》）的仁者之心、仁者之为。

4.“自强不息”是中华优秀传统文化的核心特质

中国传统文化强调天人合一，以天道统摄人道，以人道比附天道，天之道自强而不息，人道亦自强而不息。《周易》作为“大道之源，群经之首”，是中国文化的根源和根本。《周易·系辞上》曰：“《易》与天地准，故能弥纶天地之道。”《易》本是天地的标准，因而能统摄天地的道理。《周易·说卦》曰：“是以立天之道，曰阴与阳；立地之道，曰刚与柔；立人之道，曰仁与义。”《周易》用阴与阳来阐明天道，用柔与刚来阐明地道，用仁与义来阐明人道，人位于天地之间，与天地比肩，与日月同辉。老子把人与天、地、道齐列，《老子》曰：“道大，天大，地大，人亦大。域中有四大，而人居其一焉。人法地，地法天，天法道，道法自然。”因此说，道大，天大，地大，人也大，宇宙中有“四大”，而人属于四大之一。人效法地，地效法天，天效法道，道效法自然。“夫大人者，与天地合其德，与日月合其名，与四时合其序”，意思是人要与天地的品德相合，与日月的光明相合，与一年四季的顺序相合。所以，人要效法天之道。《周易·乾卦·象》曰：“天行健，君子以自强不息。”天道的运行刚健不息，君子观看这一卦，要树立“自强不息”的志向。《周易·说卦》曰：“乾，健也。”乾卦这一卦的“卦德”为“健”，强而有力。乾卦代表天、男性、父亲等。男性要像天一样强健有为，自强不息。同样，女性也要强健有为，自强不息，只不过女性自强不息的表现形式与男性不同。在《周易》文化中，坤卦代表大地、女性和母亲等，《周易 · 坤卦 · 彖》曰：“至哉坤元！万物资生，乃顺承天。坤厚载物，德合无疆。”意思是尽善尽美的大地呀！万物依靠着它方能得以生存，它温顺地服从着天道。性情宽厚地负载着万物，乾坤之德合而广大无边。《周易 · 坤卦 · 象》曰：“地势坤，君子以厚德载物。”大地的形势是坤卦的象征，观看这一卦，要以宽厚的德行承载万物。《周易 · 说卦》曰：“坤，顺也。”坤卦的“卦德”为“顺”。我们不能从字面上把“顺”简单解读为“顺从”“服从”等，进一步解读出“顺”蕴含着男女不平等的意思，这是一种曲解和误读，“顺”不等于“弱”。

《老子》认为，顺、柔、弱是一种智慧的生存状态，是自强不息的表现形式，“柔弱胜刚强”，“强大处下，柔弱处上”，强大者处于下方，柔弱者反而处于上方。《老子》以水作比喻，说明柔弱者只要自强不息是能够战胜刚强者的。《老子》曰：“天下莫柔弱于水，而攻坚强者莫之能胜，以其无以易之。”意思是天下没有比水更柔弱的了，但是冲击坚硬的东西没有能胜过水的，因为它是无可取代的。水柔弱自然“无为”却自强不息，“无为”不是无所作为，不是消极等待，而是“为无为”，是顺应自强不息的天道的积极有为。从另一个方面讲，能坚守柔弱本身就是强。《老子》曰：“守柔曰‘强’。”

《中庸》中记载了孔子对于“强”的阐述，孔子赞赏的“强”是和顺而不随波逐流的“真强”。子路问强。子曰：“南方之强与，北方之强与，抑而强与？宽柔以教，不报无道，南方之强也。君子居之。衽金革，死而不厌，北方之强也。而强者居之。故君子和而不流；强哉矫。中立而不倚；强哉矫。国有道，不变塞焉；强哉矫。国无道，至死不变；强哉矫！”[①]这段话的意思是，子路问什么是强。孔子说：“你问的是南方的强呢？还是北方的强呢？或者是你认为的强呢？用宽厚柔和的精神去教育人，人家对我蛮横无理也不报复，这是南方的强，品德高尚的人具有这种强。枕着兵器铠甲睡觉，即使死也在所不惜，这是北方的强，勇武好斗的人才具有这种强。所以，品德高尚的人和顺而不随波逐流，这才是真强呀！保持中立而不偏不倚，这才是真强呀！国家政治清明，不改变志向，这才是真强呀！国家政治黑暗，能坚持操守至死不变，这才是真强呀！”“强”是没有性别之分的，男人可以“强”，女人也可以“强”。在中国历史上，孟母、陶母、欧母、岳母等伟大的女性在丈夫离世、家道贫寒的情况下，靠着一种自强不息的精神把孩子培养成国家的栋梁之材，堪称人母之楷模。中国历史上还有很多杰出女性，如巾帼女将秦良玉[②]、荀灌[③]等，正是靠着自强不息的奋斗精神，建功立业，成为名垂青史的巾帼女将。她们是“真强”，因为她们能够“自强”不息。

四、弘扬中华民族精神和时代精神，为“四自”精神注入新的内容

在5000多年的历史发展中，中华民族形成了以爱国主义为核心的团结统一、爱好和平、勤劳勇敢、自强不息的伟大民族精

---

① 王国轩译注：《大学·中庸》，中华书局，2006，第65页。

② 秦良玉：明朝末年著名女将，正史将相列传里唯一的巾帼英雄。

③ 荀灌：荀崧的小女儿，十三岁时突围救父，是我国古代智勇双全的女英雄。

神，形成了以改革创新为核心的与时俱进、开拓进取、求真务实、奋勇争先的时代精神。中国共产党人在革命、改革和建设中所形成的“井冈山精神”“延安精神”“红船精神”“创业精神”“抗洪精神”“两弹一星精神”等，都是对我们伟大的中华民族精神和时代精神的丰富与发展。全国妇联在中国妇女中倡导的“四自”精神，是中华民族精神和时代精神的组成部分。它凝结着我国56个民族中占半数人口的妇女共同的革命热情和拼搏精神。它是广大妇女赖以生存和发展的强大精神动力，也是中华民族生生不息、发展壮大的强大精神动力。弘扬中华民族精神和时代精神，为“四自”精神注入新的内容和新的活力。

本节小结

“四自”精神是对中华优秀传统文化中所蕴含的“自尊”“自信”“自立”“自强”思想的创造性转化与创新性发展，是马克思主义妇女观中国化的重要成果，是中国共产党在中国特色社会主义妇女工作实践中的一个伟大理论创新。弘扬中华民族精神和时代精神，为“四自”精神注入新的内容和新的活力。

第二节 中华优秀传统文化与男女平等基本国策

中华优秀传统文化中有着丰富的平等思想，尽管没有明确提出男女平等这一概念，但是男女平等的思想在各个学派和思想家的思想中都有所体现，而且中华优秀传统文化中也有着非常素朴的保护女性的思想和主张。中国文化语境下的平等、男女平等与保护女性的思想内涵也经历了一个嬗变的过程，这一嬗变过程终结于中国传统文化被批判的新文化运动时期。近代以来西学东渐，中国传统文化被追溯为中国落后的根源被批判，西方文化被认为是可以使中国摆脱落后从而富国强兵的先进文化，基于这样一种社会背景，来自西方文化背景中的平等与男女平等的概念逐渐被接受学校教育的知识分子所认同，中国本土文化中的平等与男女平等的思想随同以儒家文化为代表的传统文化的被批判而被忽视，两种文化语境下的平等思想没有实现更好的对话，出现了以源自西方语境下的平等观为标准进行社会现实批判和历史批判的现象。这样就不能发现中华优秀传统文化中所蕴含的丰富的平等与男女平等的思想，一提中华优秀传统文化与男女平等似乎是把两个风马牛不相及的问题牵强地扯在一起搞拉郎配。挖掘中华优秀传统文化中所蕴含的平等与男女平等的思想内涵，为男女平等基本国策提供坚实的中国文化基础，能够更好地推进男女平等基本国策的落实，向世界讲好中国男女平等的故事，为全世界男女平等事业的发展贡献中国智慧。

一、传统文化中“平等”的内涵及其嬗变

“平等观念”来源于西方的价值判断体系。“平等”一词从近代开始在中国大地上普遍流行起来，历数各种“运动”“主义”“思潮”都要包含“平等”二字，由此形成的“平等观念”不断冲击中国人意识中根深蒂固的“三纲五常”的儒家社会，似乎整个传统文化都变成了罗网、桎梏，走向了“平等”的对立面。然而仔细回溯传统文化，难道由先秦诸子百家发源的诸多思想流派中就真无“平等”意识吗？我们所谓“平等”一词的含义是从西方价值体系中引入的，有着其特定的内涵规定。文艺复兴时期，人作为个体的存在开始展现出全方位的发展，与之前中世纪时期基督教会的压抑形成了鲜明反差，过渡到启蒙运动时，这种作为个体存在的人开始呼唤制度上的合法性与保障，这就是“平等观念”产生的宏观背景。为了让这种“平等观念”具备深刻的理论根源，法国卢梭的《社会契约论》、孟德斯鸠的《论法的精神》以及英国洛克的《政府论》这三本著作不约而同地开始从基督教信仰中寻求依据。虽然这三人对“平等”的论述角度以及其后的社会法律体系构建各有差异，但他们都共同认为，人类在原初被上帝创造时就天赋了平等性。因此，近代欧洲价值体系中“平等观念”盛行的根源在于它是植根于每一个人内心最深处的基本价值判断。

反观中国，“平等观念”从西方被引进后，大多时候只能停留在语言当中，甚少有人真正在内心中对此有个人情感的归属感。对比这种观念在中西方的现状差异，我们不难发现，如若让中国社会真正开出平等观念之花，也同样需要从传统文化的根源中找到相应的最基本价值判断根源。[①]一般认为，“平等”观念在中国全然是外来观念的植入，中国传统文化中的平等思想往往被忽略，其与中国几千年的文化传统之间的连续性也被低估了。西方文化语境中的“平等”，一般是指经济上的平等、政治上的平等、性别上的平等。但是，这些平等是一种消极的平等、基础的平等。这些虽说重要，但它们是手段而非目的，是实现最高理想的保障和基础而非最高理想本身。中国文化语境中的“平等”在最高层面上是指，每个人都可以成为完美的人，而这和你的地位与外在条件无关，在这一点上人人都是平等的。

1.道家关于“平等”的主张

《老子》曰：“天之道，损有余而补不足；人之道则不然，损不足以奉有余，孰能有余以奉天下？唯有道者。”老子认为，自然的规律是减少多余的而弥补不足的；社会的法则就不是这样，是减少不足的而供养有余的。谁能够用有余来供养天下的不足呢？只有得道的人。《老子》曰：“天地不仁，以万物为刍狗；圣人不仁，以百姓为刍狗。”天地没有偏爱，把万物像刍狗一样对待，全凭万物自然生长；圣人没有偏爱，把百姓像刍狗一样对待，全靠百姓自己成长。没有偏爱就是平等对待的意思。

① 方达：《“平等观念”在先秦儒家中的潜隐》，《社会科学论坛》2015年第5期。

“天道无亲”，自然的规律是没有私亲的。

庄子平等思想立足于道、气，涉及物物平等、物我平等、人我平等和政治平等等内容。《庄子》曰：“天地一指也，万物一马也。”“万物一马”，体现出物与物的平等，也即客体间的平等。庄子认为，万物之间存在着这样或那样的差异，各有其不同的形态和特性，因而“不齐”，但这并不影响物之间的平等。万物发展正是一个由“不齐”到“齐”的过程，有“不齐”之现实，才有“齐”之可能。《庄子》曰：“天地与我并生，而万物与我为一。”“物我为一”，反映出人与物的平等，也即主、客体间的平等。庄子认为，人可以与万物合二为一，可以“天地一体”。当人与万物融为一体时，自然消除了彼此之间的差异与隔阂，达到平等。

庄子认为，应该摒弃以贵贱为标准的判定标准，寻求人我之间的平等自由。在《庄子·德充符第五》中，庄子有这样的论述：“申徒嘉，兀者也，而与郑子产同师于伯昏无人。子产谓申徒嘉曰：‘我先出则子止，子先出则我止’……‘今我将出，子可以止乎，其未邪？且子见执政而不违，子齐执政乎？’”文中子产认为，申徒嘉与自己地位不等，不能同席而坐，这恰恰是庄子所反对的。庄子认为人我之间不应该有贵贱等级之分，他又以申徒嘉之口表达出自己的看法：“闻之曰：鉴明则尘垢不止，止则不明也。久与贤人处则无过。”在庄子那里，不论从事什么行业，地位多高，终归只是一种生存方式的体现，他完全不放在眼里。他认为，应该消除社会群体中的等级和贵贱，摒弃不自由的束缚，回归本真，回归自然，从平等最终实现“逍遥”。《庄子·至乐第十八》中说道：“无君于上，无臣于下。”庄子认为，平等思想和无君思想是相伴相生的，君臣贵贱是不平等的根源。只有通过将人从封建等级制度的窠臼中解脱，打破人与人之间的不平等，使人获得独立与自由，才能最终建立一个无君的平等社会。①

2.儒家关于“平等”的主张

不同时代的儒家代表人物都在一定程度上主张人与人的平等，尽管这些传统的平等观念可能与今天的平等观念不完全等同。儒学作为古代中国最为重要的意识形态，奠定了最基本的价值判断准则，儒学蕴含着中国文化语境中的“平等观念”。

在中国古代社会起到最为重要教化作用的“礼”，在最初的广义上是“人人平等”的。儒家原始的“礼”在广义层面上具有人人平等观念的潜隐，蕴含了一种制度层面的“有限平等”。

以孔子为代表的原始儒家所谓的“礼”在原始生成意义及制度层面具有广义的平等观念。②平等观念在儒家代表人物的言行中多有体现，主张人格的独立与平等，《孟子》曰：“君视臣如手足，则臣视君如腹心；君之视臣如犬马，则臣视君如国人；君之视臣如土芥，则臣视君如寇仇。”君臣的伦理关系是相互对待的，并无“君要臣死臣不得不死”的荒谬理念。这种相互尊重的基础是人有共同的人性，具有相等的价值与尊严。提倡独立思考，反对因循守旧，主张人皆可以为尧舜以及坚持对历史人物的独特的评价标准。有人问孟子：“人皆可以为尧舜，有诸？”孟子很肯定地回答：“然。”做圣人的条件，并不在于事功，而在

---

① 王茹俊，李敏：《庄子平等思想及其现代价值》，《文化学刊》2019年第2期。

② 方达：《“平等观念”在先秦儒家中的潜隐》，《社会科学论坛》2015年第5期。

自己的心性上，每个人才性不同，但就其才性发展到至诚至尽处，便是圣人。天子治国平天下是圣人，农夫乐工同样可以是圣人，以至于“满街都是圣人”。圣人论德不论才，才不同而德合，便同样是圣人。儒家文化中独具特色而最富理想主义的平等观，每个人都可以成为完美的人，而这和你的地位和外在条件无关。[①]

3.墨家关于“平等”的主张

墨子学儒者之业而自创学说，以“兼爱”为根本，以平等为宗旨。墨子思想里的核心主张，如“兼爱”“非攻”，其根本精神在于平等。“兼爱”思想的精华是平等，墨子的平等精神是指普遍的平等。[②]《墨子·尚贤》曰：“官无常贵，民无终贱。”兼交并举、爱利一体，表达的是具有超越意义的人类对等关系与平等法则；有见于齐、独優等差，强调的是现实等差语境中的社会平等理念。以“兼爱”为本，纲举而目张，墨学体系沿“法仪”观将其平等哲学投射于各个环节，显现为一种平等的制度精神。“非命”“节用”“尚贤”“明鬼”诸论，均拢合于墨学的平等法则。[③]

4.佛教关于“平等”的主张

民间流行的太平道《太平经》曰：“太者，大也；平者，正

---

① 刘立明：《儒家经典对平等观念的阐释》，《名作欣赏》2012年第26期。

② 李传哲：《墨子思想中所蕴含的平等精神初探》，《赤峰学院学报（汉文哲学社会科学版）》，2019年第3期：31−34。

③ 马腾，马作武：《墨家平等思想探析》，《法学评论》，2014年第3期。

也。”“太平”就是大公正。东汉时期，“平等”一词在汉语中出现，“平等”是从佛经翻译中产生的一个新词，是来自古印度文化中的一种价值观。古印度平等观念是基于社会上存在的不平等现象而产生的，是冲着婆罗门教的种姓不平等而来的，是因反对种姓制度的不平等而发，佛教弘扬了而不是创造了这种价值。东汉桓帝末年，月氏高僧支娄迦谶在洛阳译出佛经14部27卷，内有《无量清净平等觉经》4卷。“平等”一词从此进入汉语，随着汉传佛教文化的发展，“平等”成为一个出现频率颇高的常用词。在其他佛经中，也有许多关于“平等”的思想，并衍生出一些与“平等”有关的命题、词组与术语。如，空平等、真如平等、智平等、众生平等、平等觉、平等法身、平等大慧、平等观、业平等、报平等、法平等、清净平等、布施平等、戒平等、忍平等、精进平等、禅平等、时平等、所依平等、所缘平等、事平等，等等。然而现实世界中种种“差别”是客观存在的，“差别”也未必是需要一概否定的负面的东西。对于那些诸如不公平的压迫与等级制度等负面的“差别”，佛教不主张积极入世地去纠正、改造，而是消极的不追求、不理会，即对差别或不平等采取置之度外、漠然视之的出世态度。佛教的“平等”几乎就是遁入空门的同义语，是“空门平等”，一些佛教典籍明确说“平等”在凡间是不存在的，佛教对现实状态的不平等不大具有干预能力。在佛教的一些日常佛事中有时也有平等实践，如，送供设斋，不论僧俗、男女、大小、尊卑、贫富，皆须平等供养。这对后世社会上平等观念的形成是有一定影响的。

“平等”一词来自佛教术语，但随着佛教对中国人世俗生活的影响，“平等”具有了世俗含义。汉唐以降的注经家注经时才出现了“平等”字样，都是叙述人际交往中同级、同辈关系的事实，并没有价值取向的色彩。宋以后，“平等”作为等级称谓成了名词而不是形容词，“平等”就是并非优等，有时指中等，有时指劣等。从宋代至清代历朝文武、官学、技艺考选，有优等、平等、末等之说，这里的“平等”是中等。无论中等还是劣等，都不是“优”，不是理想状态，“平等”一词在多数场合下都不被理解为一种价值取向。当“平等”一词在中国语境中被世俗化以后，程朱理学秉承传统儒家伦序等级观念而明确反对“平等”，早期儒家反对墨家“兼爱”论的立场，把“平等”看作类似墨家“爱无差等”的思想而反对。或者认为出世的“平等”只是“静中工夫”，并没有实际意义。理学家对“平等”的理解更接近近代词义，但是理学家们并不认同这种“平等”。深受佛学影响的陆九渊、王阳明提出的心学则高度评价“平等”的意义，多在佛教本来的出世意义上肯定“平等”，但这个“平等”却非近代词义的“平等”。明代心学大师湛若水在入世的意义上认同“平等”，但把“平等”看作“中庸”，仍与近代“平等”词义有很大差别，黄宗羲对“平等”的看法介于理学与心学之间，他没有认“平等”本身为“中庸”，但在处理出世“平等”与入世“物理”的关系时颇得中庸之道。到了近代以后，“平等”一词在外交方面用得最为频繁。据统计，《清史稿》一书中“平等”一词出现13次，其中6次是在“优等、平等、次等”意义上使用的，其余7次中4次是外交“平等”，3次是社会意义上的平等。

男女平等、国内各民族平等等观念，都在清末民初形成，都取义于英文“equality”。中日两国不约而同地以“平等”来对译“equality”这个外来词。甲午战争之后，关于“平等”的种种论述从日本大量传入中国。大限重信关于“四民平等”的观点在中国产生了很大的影响。所谓“四民平等”，就是打破传统等级身份壁垒，实行产权自由、公平竞争，这是标准的古典自由主义平等观，即程序平等、基本权利平等。在西学东渐的大潮下，中国本土文化资源中的各种关于公平正义的学说也被冠以“平等”之名，而且往往被认为与西学中的“平等”同质。或许正是由于以“平等”对译“equality”时国人主要面对的是实现了“程序公正”却并不存在“分配均等”的资本主义西方，而对“平等”一词在现代汉语中的用法影响很大的日本明治维新时代“四民平等”这类观念也主要指程序公正、基本权利平等而言，因此在现代汉语中，主流的倾向是把“平等”理解为权利、程序的平等，而把分配的平等或结果平等称为“平均”。[①]金观涛、刘青峰在《观念史研究：中国现在重要政治术语的形成》一书中，通过关键词研究和数据库方法发现，在近代中国社会转型中“平等”一词使用的频率较高，1830年至1899年间，谈到“平等”的有300多篇文章，1899年至1917年间，“平等”的使用次数增加，“革命”“平等”和“独立”这三个词的相关性大大增加。有部分论述直接以“平等”为新道德，实行革命是为了消除不平等。

二、男女平等的推进历程

男女平等是近代以来社会发展的趋势，对男女平等的推进经历了一个不断探索和实践的历程。

---

① 秦晖：《传统十论》，人民东方出版传媒，2014，第303—325页。

1.近代以来对男女平等的探索和实践

男女平等是社会发展的必然趋势。母系氏族社会先民过着群婚生活，生子不知其父，妇女具有崇高的社会地位。由于生产资料公有，人们共同劳动、共同消费，没有“私”的概念，没有高低贵贱之分，男女受教育机会是均等的。以男子掠夺婚姻为标志，宣告父系社会肇始，偶婚制的实施，生子既知其母，亦知其父，女子得天独厚的优势丧失了，对社会的主宰地位随之失落。

近代以来对男女平等的推进首先是争取男女平等地接受学校教育的权利。女子学校的兴起以及大学和中学相继开女禁，推动了女子教育的发展，推动了男女平等教育权的实现。

教会女子学校的兴起客观上促进了中国妇女解放和男女平等。在中国人看来，教会女子学校是外国人带来的“一件不受欢迎的礼物”。教会女子学校的立足与发展，结束了中国妇女无学校教育的落后状态，首开我国妇女学校教育的先例，使妇女中的一部分接受了西方资产阶级思想的启蒙教育和影响，使得其中一部分受教育的妇女成为中国最早的职业妇女，也为中国的妇女运动培养了最初的人才。

太平天国的推动在客观上促进了妇女解放和男女平等。太平天国在战争不已的态势下，大力推行妇女解放，吸纳女子参政议政，注意女子读书明理，这是空前壮举。太平天国（1851—1865）的新试验，对中国近代史的发展产生了深刻的影响。太平天国严禁缠足，强迫缠足妇女解除缠脚布，自起义后出生的女孩全都是“天足”，这不但使女子免受皮肉之苦，而且使女子的体魄和精神面貌有了较大改观。太平天国挑战实施了近1300年的科举考试制度，开辟女科考试，允许女子入仕。

为了强国，国人兴办女学，女子教育开始发展。由于外国妇女理论在中国的广泛传播，外国传教士在中国办起的女子学校的示范，中国近代知识分子已经深刻认识到女子教育的重要性和创办女子学校的必要性。陈虬（1851—1903年）于1892年撰写《治平通议》，提出了广设女学的主张。认为“泰西男女入学，故材亦相等”，要求中国“设女学以拔取其材，分等录用”，认定这是自强之道。他认为女子占中国人口的一半，不读书，不劳动，“无故自弃其半于无用，欲求争雄于泰西，其可得乎？”康有为认为女子“一切与男子无异”，也应有进学校受教育之权。梁启超提出，“欲强国必由女学”，“天下积弱之本，则自妇人不学始”，因而兴办女学是国家富强的转折点。维新志士的倡导，使许多人顿开茅塞。尤其是1894年甲午战争爆发后，更欲以兴女学使中国自强崛起。1898年，倾向维新变法的民族资本家经元善在上海创办了中国第一所由国人创办的女子学校——经正女学堂。

私立女子学校的兴起促进了女子教育的发展。清末“新政”时期，金天翮[①]最早提出男女在天赋上女更优男的观点：“欲新中国，必新女子；欲强中国，必强女子；欲文明中国，必先文明我女子；欲普救中国，必先普救我女子，无可疑也。”丁初我[②]更认为，女子“脑力胜于男子者万倍”。《女子世界》提出了解决女权之根本在兴办女学的观点。秋瑾主张女子要争取进入学校，“学习女红，自立、自活”。所谓“自立”“自活”都取决于是

① 金天翮：中国近代诗人，其作品《女界钟》是中国近代第一部阐发女权理论的专著。

② 丁初我：曾任《女子世界》杂志主编。

否学艺；所谓妇女解放、男女平等，也在于女子有否学艺，如没有一技之长，一切都流于空疏。“新政”时期，各地兴办了一批私立女子学校。上海务本女塾和上海爱国女学是两所著名的女子学校。爱国女学教学有两大特点，一是重女子人格培养，提出培养女子“自全”“自主”的最高尚人格；二是重革命暴力精神培养。上海务本女塾和爱国女学的成功开办，以实例证明女子教育对社会的作用和影响。1906年2月21日，慈禧太后谕令学部振兴女学，女子官学才得以发展。男女平等教育思想及其体制的真正形成是在辛亥革命以后才逐步确立的。1912年1月，辛亥革命后颁布的《普通教育暂行办法》，明确宣布女子享有同男子一样的受教育的权利，初等小学可以男女同校。

大学开女禁，使男女能够平等地接受高等教育。民国初年，在比较民主的政治气氛下，教育部颁布了《普通教育暂行办法》，“初等小学，可以男女同校”，“女子高小以上，可设女子中学、女子师范学校及女子高等师范学校”。1919年5月，甘肃青年邓春兰在男女平权思想的启发下，给蔡元培写信，要求北大招收女生，实行男女同学，并从家乡循化启程赴京，准备入学。由于蔡元培辞职离京，邓春兰的愿望未能实现，不过这引起了全社会的关注，要求大学开放“女禁”的呼声与日俱增。蔡元培9月返京复职后，明确表示同意女生入学。差不多在同时，北大学生王昆仑请蔡元培批准在北京女师读书的姐姐王兰入北大读书，蔡元培欣然应允。1920年2月，王兰、溪湞、查晓园等女生首批入北大文科。蔡元培在燕京大学男女两校联欢会上发表演说，论及北大开“女禁”的问题：“从前常常有人来问，大学几时开女禁？我就说，大学本来没有女禁。欧美各国大学没有不收女生的。我国教育部所规定的大学章程，并没有专收男生的规定。不过以前中学毕业的女生，并不来要求，我们自然没有招寻女生的理，要是招考期间，有女生来考，我们当然准考。考了适合程度，我们当然准入预科。从前没有禁，现在也没有开禁的事。”蔡元培的话实则是堵教育部的口。在此后的一两年内，全国国立大学大多招收了女生。高等学校男女同学是风气大开了。

中学开女禁攻克了男女平等接受教育的最后一道堡垒。中学男女同学遇到了不少麻烦。当时，父母亲对中学男女同学有三种态度：一是赞成男女同学，二是不赞成男女同学，三是不赞成男女同校。当时教育家对此视为问题者，大致归为三项：一为中学生正当身心发育最盛之时，知识未充，意志未定，感情又富，如男女同学，朝夕相处，接触过密，难免不发生问题；二为男女性能不一，需要不一，不必或不可施以同样教育；三是一般男子中学之设备不适宜女子。但是，1921～1922年，江苏第一中学试行男女同学，一下子打破了僵持状态，轰动全国。陶行知当时表态，劝人们对于男女同学不要害怕，因为“学校是个团体的生活。一个团体有一个团体的道德观念和权威。个人行动时时刻刻不知不觉地要受它的制裁，一出范围，同群的精神刑罚立至。在学校里不但有教职员，并且有同学相互间的制裁”。到1927年，中学男女同学已成无可阻拦之势，教育部只好认可。

2.中国共产党对男女平等的推进实践

中国共产党的创始人李大钊坚持和宣传马克思主义妇女观，积极倡导女权，认为只有妇女真正摆脱了家庭的生活琐事，参加了社会活动，并且有了自己独立的经济地位，才能真正得到解放。要推行男女平等的教育，先要推行平等的道德，推翻家族社会，因此，女子受教育机会均等的前提是共通的伦理道德深入人心。如何推行男女平等教育呢？他认为当务之急是要推行女子强迫教育，入公立学校概不收费。他赞同实行“儿童公育”，并认为它是达到男女平等的一个重要方法。

1921年，党的一大通过的《中国共产党纲领》第二条第四款规定，“凡承认本党党纲和政策，并愿成为忠实的党员者，经党员一人介绍，不分性别，不分国籍，都可以接收为党员，成为我们的同志”。1922年，党的二大通过的《党章》第一章第一条规定：“本党党员无国籍性别之分，凡承认本党宣言及章程并忠实为本党服务者，均得为本党党员。”

毛泽东继承和发展了马克思主义妇女解放理论，提出妇女解放首先必须取得经济上的解放，其途径就是参加生产劳动。毛泽东早在青年时代就认识到，经济是女子被压制不能翻身的总原因。1927年，他在《湖南农民运动考察报告》中指出，“夫权这种东西，自来在贫农中就比较地弱一点，因为经济上贫农妇女不能不较富有阶级的女子多参加劳动，所以她们取得对于家事的发言权以至决定权的是比较多些。至近年，农村经济益发破产，男子控制女子的基本条件业已破坏了。”当毛泽东在井冈山建立革命根据地时，就制订并颁行了《井冈山土地法》，规定土地“以人口为标准，男女老幼平均分配”。从此，这成了中国共产党所领导制订的土地法的基本原则。在中国共产党所辖范围内，妇女“破天荒”成为土地的主人，这在中国妇女史上是一件“开天辟地”的大事，也是农村妇女家庭地位与社会地位的有力的物质保障。摧毁地主阶级专制的政权，赋予女性参政权，是妇女获得解放的先决条件之一。1929年8月，毛泽东领导的中央苏区政府颁布的《中华苏维埃组织法》中明文规定："凡年满十六岁的男女，而非剥削劳动者（资本家地主重利盘剥者）非宗教徒和反革命者均有选举权和被选举权。"从此，这一庄严承诺就成为中国共产党人奋斗和贯彻的原则，到新中国成立，人民民主政权得以确立，中国妇女的社会权利和地位得到根本确立。从此，中国妇女摆脱了"四权"（即政权、族权、神权、夫权）压迫，成为拥有与男人平等的政治地位的国家主人。以毛泽东为主要代表的中国共产党人，始终坚持把男女平等作为革命的目标之一。1932年，毛泽东签署了工农民主政府关于妇女生活改善委员会的组织纲要和关于保护妇女权利和建立妇女生活改善委员会组织和工作的训令。1945年，毛泽东又指出："保护青年、妇女、儿童的利益……实现婚姻自由，男女平等。"新中国成立前夕，由毛泽东主持召开的第一届政治协商会议通过的《共同纲领》规定铲除压迫妇女的封建制度，"妇女在政治的、经济的、文化教育的、家庭的、社会生活的各方面，均有与男子平等的权利，实现男女婚姻自由"。1950年，毛泽东签署了新中国第一部婚姻法。1954年，由毛泽东亲自主持并审订的新中国第一部《宪法》规定："中华人民共和国妇女在政治的、经济的、文化的、社会的和家庭的生活方面，享有与男子平等的权利。"在这之后，国家又颁布了《继承法》《女职工劳动保护规定》《妇女权益保障法》等，"男女平等"的思想在法律体系中得到广泛体现，中国妇女在以毛泽东为代表的中国共产党领导下，获得了法律、制度上的解放，为现实中的男女平等提供了保障与前提。

1995年9月4日，江泽民主席在联合国第四次世界妇女大会上明确提出男女平等是我国的基本国策。2012年11月，中国共产党第十八次全国代表大会中，首次将男女平等作为基本国策写入报告。2017年，节约资源和保护环境、男女平等、对外开放是十九大报告中提到的三大基本国策。

2005年的《中华人民共和国妇女权益保障法》第二条进一步规定：“实行男女平等是国家的基本国策。国家采取必要措施，逐步完善保障妇女权益的各项制度，消除对妇女一切形式的歧视。”其法理依据是《宪法》第四十八条：“中华人民共和国妇女在政治的、经济的、文化的、社会的和家庭的生活等各方面享有同男子平等的权利。国家保护妇女的权利和利益，实行男女同工同酬，培养和选拔妇女干部。”国务院成立了国务院妇女儿童工作委员会，协调与男女平等有关的事务。

中国妇女十一大后，习近平总书记在同全国妇联新一届领导班子成员集体谈话时强调，要加强党对妇女工作的领导，坚持中国特色社会主义妇女发展道路，把握实现中华民族伟大复兴的中国梦这一当代中国妇女运动的时代主题，促进男女平等，发挥妇女在各个方面的积极作用，组织动员妇女走在时代前列，在改革发展稳定第一线建功立业。做好家庭工作，发挥妇女在社会生活和家庭生活中的独特作用。要坚持男女平等基本国策，维护妇女儿童合法权益。

中国妇女十二大后，习近平总书记在同全国妇联新一届领导班子成员集体谈话时强调，要坚持男女平等基本国策，维护妇女儿童合法权益。长期以来，男女平等、尊重妇女的观念越来越深入人心，同时针对妇女的歧视依然存在。解决这些问题，需要从国家层面治理，对严重侵犯妇女权益的犯罪行为要坚决依法打击，对错误言论要及时予以批驳。妇联要主动作为，哪里的妇女合法权益受到侵害，哪里的妇联组织就要站出来说话，依法依规为妇女全面发展营造环境、扫清障碍、创造条件。

我国1954年就将男女平等写入了宪法；从1995年江泽民同志在第四次世界妇女大会开幕式上明确提出男女平等是我国基本国策，到2005年修订妇女权益保障法；再到党的十八大报告和十九大报告中得以体现，男女平等基本国策完成了从“政府的承诺”到“立法的确认”再到“执政党意志”的全方位“认证”。

三、传统文化中的“男女平等”思想

“男女平等”是女性主义运动提出的一个概念。女性主义运动的基本前提是，女性在全世界范围内是一个受压迫、受歧视的等级。女性主义运动的目的就是在全人类实现男女平等。在中国，“男女平等”是清末民初随着西方自由、平等、民主思想和女性主义思想传入中国后才开始出现的概念。尽管在中国传统文化中没有“男女平等”的概念，其中却有着丰富的“男女平等”的思想。

1.《周易》中的“男女平等”思想

《周易》由《易经》和《易传》两部分内容构成，《易传》的主要内容是后人根据孔子的言论整理而成篇的。对于《周易》的成书，《汉书·艺文志》有“人更三圣，世历三古”的说法。传说伏羲氏画出了八卦，周文王重为六十四卦，撰写了卦爻辞，孔子作了“十翼”。《周易》作为中国早熟的思想文化体系，是中国文化的根本所在。儒家把它奉为“群经之首”，道家认为它是“大道之源”，诸子百家的思想都从《周易》中获取了文化滋养。

中国古人对于天的理解与天人关系的阐释直接影响着传统文化的形成，《周易》的最高理想就是实现“天人合一”的境界。“天人合一”是一种宇宙思维模式，所指的是与宇宙自然界生生之德完全合一的生存状态。这种思维模式不只是从“天”或“人”一方面来说，而是从天、人两方面来说。尽管人作为天地之所“生”，只是万物中的一个成员，但人毕竟不同于万物，因为人有“仁义”之性，有“性命”之理，所以这就决定了人在天地万物之中，负有一种神圣的使命。《周易》讲究阴阳相济、刚柔有应，提倡自强不息、厚德载物。以象征阳爻的“—”和象征阴爻的“--”为基本符号，以及由八卦中任意两卦交相叠合而成的六十四卦为基本图形，来说明宇宙万物的一切现象。在《周易》文化中，男人为阳，女人为阴。阳代表男人，但不只是代表男人；阴代表女人，但不只是代表女人。男女之间的性别关系可以用阴阳之间的关系进行表达。《周易》文化中阴阳之间的关系不能用现代人们所习以为常的“概念思维”去理解，而需要用“象思维”去理解，需要用“天人合一”的思维去理解，如果把阴阳关系理解为对立统一的关系，那是对阴阳关系的简化和误读，将会使阴阳关系失去应有的生命力。

《周易》的思维方式是一种不同于“概念思维”的“象思维”，《周易》的“象思维”可以概括为“观物取象”和“象以尽意”。这里的“观”，首先是指具体直观，但不归结为具体直观，而是包含超越直观的许多层次，如意象之观、理智之观、大象无形的悟性之观等。“观物取象”之观乃是经过“观”的多层次而达到的悟性之观。唯有如此，才能在天地人“三才”一体相通中，或在与动态整体之易道相通中，接近事物的本真。只有进入悟性之观，才可能领悟“大象无形”之象。或者说，由此才能进入“天地人”三才一体相通的境界，并在此境界中，以通于“大象”之象“尽意”。因此，“取象”之“取”和“尽意”之“尽”，并不是说有现成之“象”或“意”摆在眼前待取，而是要经过体道和悟道的过程，才能有所“取”与有所“尽”。要通过“寻言以观象”和“寻象以观意”的方法对《周易》进行全面的解释。中国历经五四新文化运动而与传统文化断裂，随着教育制度的“西化”，中国的“象思维”集体失去记忆，“概念思维”已经成为现代中国人的思维定式。王树人[①]先生说：“概念思维无论多么重要，但它总离不开‘象思维’这个整体和本原。”“概念思维”是抽象的、静态的思维模式，“象思维”则是具象的、动态的、整体性的思维模式，“象思维”的逻辑与生活实践中的自然辩证逻辑具有高度的契合性。和“概念思维”相比，“象思维”更能反映出生活实践的动态性和复杂性。

浑然一体的太极，分二为阴阳，阴阳并列，互相交冲，生成万物。尽管阴阳关系复杂，但是无论多么复杂，其中的阴和阳都保持了主体性，都是平等的主体。《周易·系辞上》说：“是故《易》有太极，是生两仪，两仪生四象，四象生八卦，八卦定吉凶，吉凶生大业。”意思是，所以《易经》有了太极一气的象征，就有了一气产生天地的两种象征，有了天地就产生了四季的

① 王树人：著名学者，毕业于北京大学哲学系，著有《思辨哲学新探》等。

象征，有了四季就产生了八卦的象征，八卦可以判定吉凶，吉凶判定了就能成大事业。在这个图式中，“两仪”是一阴一阳；“四象”是太阴、太阳、少阴、少阳，共八个爻，其中四阴四阳；“八卦”一共二十四爻，其中阴爻十二，阳爻十二。阴阳爻出现的机会是相同的，阴与阳的地位是平等的。

《周易》以天道统摄人道，天地万物皆有阴阳，人的阴阳则是男女。天地产生万物，万物产生男女皆是自然现象自然规律，“天道无亲”，男女的产生都是平等的。《周易·序卦》中说：“有天地然后有万物，有万物然后有男女，有男女然后有夫妇，有夫妇然后有父子，有父子然后有君臣，有君臣然后有上下，有上下然后礼仪有所错。夫妇之道，不可以不久也，故受之以恒。恒者，久也。”意思是说，有了天地然后才有万物，有了万物然后才有男女，有了男女然后才有夫妇，有了夫妇然后才有父子，有了父子然后才有君臣，有了君臣然后才有上下，有了上下然后礼仪才能有所规定。做夫妇的道理不可以不长久，因而以恒卦来接续。恒，就是长久。夫妇之道源于天地之道，夫妇之间的关系犹如天地之间的关系，夫妇平等，男女平等，这种平等是一种“象思维”视域下的、符合天道与人性的、基于“天人合一”的平等，其内涵远比概念思维中的男女平等丰富得多。

《周易》八卦讲的就是一个家庭的事情，一家八口人，一夫一妻，三男三女，没有重男轻女，男女平等。乾为父，坤为母，震为大儿子，巽为大女儿，坎为二儿子，离为二女儿，艮为小儿子，兑为小女儿。父母生育出三个儿子、三个女儿。这样的家庭，男女平衡，男女平等，没有性别歧视。《周易·系辞上》：“乾道成男，坤道成女。”《周易·说卦传》曰：“乾，天也，故称乎父；坤，地也，故称乎母。震一索而得男，故谓之长男；巽一索而得女，故谓之长女；坎再索而得男，故谓之中男；离再索而得女，故谓之中女；艮三索而得男，故谓之少男；兑三索而得女，故谓之少女。”意思是说，乾为天，所以称为父；坤为地，所以称为母；震是坤向乾第一次索取的结果，因而称为长男；巽是乾向坤第一次索取的结果，因而称为长女；坎是坤向乾再次索取的结果，因而称为中男；离是乾向坤再次索取的结果，因而称为中女；艮是坤向乾第三次索取的结果，因而称为少男；兑是乾向坤第三次索取的结果，因而称为少女。孔颖达说：“得父气者为男，得母气者为女。”

《周易》蕴含着丰富的“男女平等”思想，这种“男女平等”思想是通过习惯于“概念思维”的现代人所集体遗忘的“象思维”表达出来的。

2.民间道教中的“男女平等”思想

东汉末年的民间道教提出了初步的朦胧的男女平等思想，进而主张男女都可以接受教育。男女都要学习，学习对于男女修德具有极高的价值，强调无分男女，都应成为修德之人，亦当以德教人。《太平经》指出：“人安得生为君子哉？皆由学之耳。学之以道，其人道；学之以德，其人得[德]；学之以善，其人善……学之以恶，其人恶；学之以文，其人文；学之以伪，其人伪；学之以巧，其人巧。”[①]男子做的，女子也可以做；男子能够做到的，女子也能够做到。这种给女子某些鼓励、某些精神力量的做

① 王明：《太平经合校》，上海中华书局，1960，第433页。

法，产生了深远的影响。

3.李贽的“男女平等”思想

李贽[①]的男女平等观开启了女性解放思潮的先河。明朝中后期，经济上出现的资本主义萌芽破坏了女性人身依附男性的经济基础，政治上的内忧外患为改革儒家意识形态提供了契机，新出现的歌曲、戏剧和小说促进了高扬女性权利和地位的新社会思潮。在这样的社会环境下，李贽提出了论证人类自由本质的“童心说”。“童心说”落实到男女关系上就是男女平等观，它不仅要解放女性，同时也试图改进男性的庸儒性格，并最终推动社会的启蒙和变革。李贽是中国第一个提出男女平等观的知识分子，他提出的这一观点对当时的社会和后世都产生了巨大而深远的影响。

李贽在《九正易因》中说道：“人唯不明乾道之终始，是以不知乾元之为大……是故一物各具一乾元，是性命之各正也。万物统体一乾元，是太和之保合也，不可得而异也。故曰利乃贞。然则人人各正一乾元也，各具有是首出庶物之资也。”既然每个人都天生具有一个乾元，不仅仅是男人，每个女人也天生具有一个乾元，并且每人具有的乾元之间也不可能有高低贵贱的区别，所以每个人都是平等的，每个人都可以自由主宰自己的命运，由

---

① 李贽（林载贽，1527—1602年）：字宏甫，号卓吾，别号温陵居士、百泉居士等，福建泉州人，明代官员、思想家、文学家，泰州学派的一代宗师。其重要著作有《藏书》《续藏书》等。李贽是嘉靖三十一年举人，应会试。历共城教谕、国子监博士，万历中为姚安知府。旋弃官，寄寓黄安（今湖北省红安县）、湖北麻城芝佛院。晚年往来南北两京等地，后被诬下狱，自刎死于狱中。他的一生充满着对传统和历史的重新考虑，是明朝后期社会思想变革的一个聚焦般的体现。

此可知女性和男性是平等的，她们可以掌握自己的命运，而不是把自己的命运交由男性掌握。

李贽认为，无论是在教育方面还是婚恋方面，一切都要尊重女性的本心，尊重女性的自主性和主体性，而不是强迫女性遵守由男性单方面给她们制定的规则，更不能把男性的意志强加给女性。女性有权利接受教育，因此要把女性从传统的不平等的教育制度中解放出来。同时也要尊重女性在婚恋中的主体地位，不能仅凭“父母之命，媒妁之言”就决定女性的配偶，更不能强迫寡妇守寡，女性要根据自己的内心选择自己的爱情和婚姻。终其一生，不管是穷困潦倒还是官居姚安知府之高位，李贽始终不纳妾，对自己的夫人十分敬重，凡事都不强迫自己的夫人，而是按照夫人的意愿行事。可以说李贽是一个言行一致的人。①

在《焚书·答以女人学道为短见书》中，李贽批判了男子之见尽长，女子之见尽短的说法。他说：“不可止以妇人之见为见短也。故谓人有男女则可，谓见有男女岂可乎？谓见有长短则可，谓男子之见尽长，女子之见尽短，又岂可乎？设使女人其身而男子其见，乐闻正论而知俗语之不足听，乐学出世而知浮世之不足恋，则恐当世男子视之，皆当羞愧流汗，不敢出声矣。”

① 张昊雷：《论李贽男女平等观生成的逻辑路径》，《阜阳师范学院学报（社会科学版）》2017年第2期。

本节小结

中国传统文化中包含着丰富的男女平等思想。男女平等是近代以来社会发展的趋势，对男女平等的推进经历了一个不断探索和实践的历程。中国共产党是中华优秀传统文化的继承者和弘扬者，自成立之日起就积极推进男女平等，1954 年将男女平等写入了宪法，1995 年在第四次世界妇女大会上明确提出男女平等是我国的基本国策，后来将男女平等基本国策写入了党的十八大报告和十九大报告，完成了从“政府的承诺”到“立法的确认”再到“执政党意志”的全方位“认证”。

第四章

中国古代女子教育塑造的优秀女性形象及其现实意义

中国古代女子教育塑造出来的优秀女性，她们既在家庭中成功地扮演着孝女、贤妻、良母的角色，又在社会生活中发挥了重要作用，扮演着重要角色，她们既爱小家，又爱国家，具有强烈的爱国情怀。了解中国古代优秀女性形象及其内涵，对新时代的妇女发展具有积极的现实意义。

第一节　中国古代的女子教育

由于原始社会没有专门的教育机构，谁在社会中占有核心位置，谁就会成为教育的组织者。女性在很长的一段时期中占有突出的核心地位，在教育上也占据着重要的支配地位。

首先，女性在生产劳动中的地位长期高居不下。在原始社会的大部分时期，女性都是农业、手工业等主要经济领域生产重任的承担者，也都是这些部门教习生产技能和知识的教师和学生。这样使得生产经验能够得到传承，才有后来的发展和创新。

其次，女性在社会生活教育中享有极高的地位。这与自然崇拜、生殖崇拜等宗教祭祀活动和巫术活动有一定的关系，这是原始社会女性控制和实施社会生活教育的重要途径和方法。部落女首领是氏族习惯法的权威解释者和维护者，有效把握着习俗舆论的导向。

最后，女性在儿童教育中的地位得天独厚。原始社会的未成年人实行“儿童公育”，由氏族统一抚养管教。由于婴儿出世，知其母，不知其父，女性承担起了儿童鞠养（抚养）的责任和义务。

中国古代女子教育的基色在父系社会时期开始形成，其基本框架在先秦以前已经成型。后世女子教育的内容与形式虽多有变化，但是其教育的宗旨基本没有改变。中国古代的女子教育主要是在家庭中由女性长辈进行的，主要侧重于生活教育，目的是培养合格的家庭成员，并且已经形成较为完整的教育体系。

一、中国古代的胎教和早教

母亲在家庭教育子女，应注意早教，更应注意“慎在其始”。《大戴礼·记保傅》要求实行胎教：“古者胎教：王后腹之七月，而就宴室，太史持铜而御户左，太宰持斗而御户右，比及三月者。王后所求声音非礼乐，则太师缊瑟而称不习；所求滋味非正味，则太宰倚斗而言曰，不敢以待王太子。”胎教之法实际上仅在贵族王室推行，“周室三母”之一的太任，当她有妊时，遵从胎教之法，《列女传》卷一《母仪传》中记载了太任的胎教之法：“寝不侧，坐不边，立不跸，不食邪味，割不正不食，席不正不坐，目不视于邪色，耳不听于淫声，夜则令瞽颂诗，道正事。”太任的胎教实践证明她的胎教理论是成功的。由于胎教得法，“文王生而明圣，太任教之，以一而识百”。太任的胎教与《大戴礼·记保傅》的形成有无关系，今已不得而知，但从《大戴礼·记保傅》所述之胎教，无疑是太任等王室母亲实行胎教实践的经验总结。虽然胎教仅局限于王室圈子内的极少数人，但是《大戴礼·记保傅》中“素成胎教之道，书之玉版，藏之金匮，置之宗庙，以为后世戒”的规定，在文化教育的传递方面是有其特殊意义的。

汉代家庭教育比较重视胎教，贾谊吸收西周以来胎教的理论，提出了要实行胎教，优生优育，他特撰文指出：

《易》曰："正其本而万物理，失之毫厘，差以千里。"故君子慎始。《春秋》之元，《诗》之关雎，《礼》之冠、婚，《易》之乾、坤，皆慎始敬终云尔。

素成，谨为子孙婚妻嫁女，必择孝悌世世有行义者。如是，则子孙孝慈，不敢淫暴，党无不善，三族辅之。故凤凰生而有仁义之意，虎狼生而有贪戾之心，两者不等，各以其母。呜呼！戒之哉！无养乳虎，将伤天下。故曰"素成"。胎教之道，书之玉版，藏之金匮，置之宗庙，以为后世戒。

青史氏之《记》曰：古者胎教之道，王后有身，七月而就蒌室，太师持铜而御户左，太宰持斗而御户右，太卜持蓍龟而御堂下，诸官皆以其职御于门内。比三月者，王后所求声音非礼乐，则太师抚乐而称不习；所求滋味者非正味，则太宰荷斗而不敢煎调，而曰不敢以侍王太子。太子生而泣，太师吹铜曰声中某律，太宰曰滋味上某，太卜曰命云某。[①]

贾谊在《新书》中设专题写胎教，阐述了胎教的重要意义。他根据青史氏的《记》中所述及的胎教资料，详细地阐述了他的胎教思想。第一，孕妇应当注意生活的环境；第二，孕妇应注意营养食物的选择；第三，孕妇宜选择有益于身心的音乐；第四，孕妇要注意心情和情绪的调适。

胎教理论经汉代戴德、贾谊和刘向等宣传，在一定程度上引

① 王洲明，徐超校注：《贾谊集校注》，人民文学出版社，1996，第387–388页。

起了重视。到魏晋南北朝时期，又有了较大发展。张华[①]是这个时期推动胎教理论发展的重要人物。在胎教理论方面，张华从心理学、营养学的角度研究孕妇妊娠期间的胎教实施问题，张华在其所著《博物志》中对胎教提出了“贤明”“端正”“寿考”的六字要求。所谓“贤明”，指道德及聪明才智；“端正”指体形健美；“寿考”指身体强壮健康。根据他的研究，要求孕妇做到：

> 不欲令见丑恶物、异类鸟兽。食当避其异常味，不欲令见熊罴虎豹，御及鸟射射雉，食牛心、白犬肉、鲤鱼头。席不正不坐，割不正不食。听诵诗、书讽咏之音，不听淫声，不视邪色。以此产子，必贤明、端正、寿考。所谓父母胎教之法。古者妇人妊娠，必慎所感，感于善则善，恶则恶矣。[②]

张华认为孕妇对外界事物的感受及饮食，对胎儿的发育是有影响的。令人心旷神怡、志趣高尚的诗书礼乐，必定能使胎儿聪明伶俐、强壮健康。否则耳听淫声，口尝异味，目视邪色，不仅对孕妇身心不利，而且使胎儿身心发育不良。这些暗合了现代胎教理论，已经被现代医学证明。

北齐教育家颜之推引用古人关于胎教的论述，说明了胎教、早教的道理：古者，圣王有胎教之法：怀子三月，出居别宫，目不斜视，耳不妄听，音声滋味，以礼节之。书之玉版，藏诸金

① 张华（232—300年）：字茂先，范阳方城（今河北涿州）人。他所做《博物志》内容包罗万象，有山川地理知识，有历史人物传说，有对奇异的草木虫鱼及飞禽走兽的描述，还有怪诞不经的神仙方技故事的记录。他对胎教的看法，亦记入其中。

② 张华著，范宁校正：《博物志校正》，中华书局，1980，第109页。

匮。生子咳提，师保固明孝仁礼义，导习之矣。[1]

没有条件的家庭实施胎教有些困难，但也要尽量实施早教。颜之推说："凡庶纵不能尔，当及婴稚。要在能够识人颜色，知人喜怒，便加教诲。"在这个时候，要教孩子"使为则为，使止则止"。[2]颜之推还介绍了颜氏家族的早教之法："吾家儿女，虽在孩稚，便渐督正之；一言讹替，以为己罪矣。云为品物，未考书记者，不敢辄名。"[3]他不仅强调对孩童要早教，而且要慎教。不能因为孩童年幼，不慎懂事理，就可以随便应付；教孩子一字一音，必须字正腔圆。孩童读音有误，应当纠正，以免习惯成自然；如果有一字错误，要深深自责，如同对孩子犯下了过错一般。颜之推分析了对孩子进行早教的原因，"人生小幼，精神专注，长成以后，思虑散佚，固须早教，勿失机也"。所以，要趁儿童"精神专注"时实施教育，这样就会终身不忘，收事半功倍之效。孩童的思想品德培养也是这样，"人生小幼"之时，思想观念都未形成，思想价值观形成是遵循着先入为主规律的，蒙养以正，其后自正，这是道德教育的最佳时期，儿童性情纯洁，未染恶习，接受道德塑造的可能性最大。

唐代被尊称为"药王"的孙思邈从医理药理的角度阐释了胎教理论，使传统胎教理论又有了新的发展。孙思邈注意环境、心神、情性对胎儿的影响，他在《备急千金药方 · 养胎论》中指出："居处简静，割不正不食，席不正不坐，弹琴瑟，调心神，

① 《颜氏家训 · 教子》，见王利器集解《颜氏家训集解》，上海古籍出版社，1980，第25页。

② 同上。

③ 《颜氏家训 · 教子》，见王利器集解《颜氏家训集解》，上海古籍出版社，1980，第474页。

和情性，节嗜欲，庶事清静。”

孙思邈认为，孕妇居住的环境，应当以“调心神，和情性”为原则。孕妇接触吉祥端正之物、贤良盛德之人、礼乐钟鼓管弦等善良美好的事物，就会产生赏心悦目之美好感情，使孕妇心神、情性受到美好事物的影响，受到良好情感的熏陶，对胎儿产生良好影响。与此相反，孕妇应当尽可能回避凶杀、恐怖、淫秽事物，使“心神”和“情性”均不至于受恶刺激，保证胎儿免受不良环境影响。孙思邈要求孕妇妊娠三月，“焚烧名香，口诵诗书、古今箴”。

孙思邈还研究了饮食药物与胎教的关系，主张注意孕妇的饮食调摄，以免孕妇的身体受到不良刺激。他强调孕妇不要吃辛辣腥膻的食物，防止孕妇倒胃口，锐减饮食，导致胎儿营养不良。

孙思邈认为孕妇宜做轻度劳动，并对贫家、富家孕妇的运动劳作量与胎儿筋骨发育的关系进行了研究，提出了一些有价值的观点。他认为，贫家孕妇由于生计原因，家务、生产劳动是必不可少的，这对于胎儿筋骨发育未必是一件坏事。但是到了后期，孕妇则不可干过多过重的活儿，劳动强度不可过大，劳动时间不可过长，否则对胎儿筋骨正常发育会带来不利影响。而富家的孕妇成天不动，对于胎儿发育并无益处。他认为，富家的孕妇参加一些体力劳动，可以使筋骨活动，血脉流通。这不仅有利于孕妇的身体健康，与外部环境相适应，而且有利于胎儿的正常发育。如果成天静坐安睡，血气阻滞，难以促成胎儿筋骨成长。表面上看是为了胎儿更好地成长，实际上反而影响胎儿的筋骨发育。在《备急千金药方·妇人方上》中指出：“妊娠七月，胎儿筋骨长成。孕妇更应劳身摇肢，无使定止，动作屈伸，使血气运动起来。”

中国女子教育在上古时期便重视胎教，这在中国教育史和世界教育史上都是石破天惊的事情。而且从胎教的内容来看，与现代胎教理论相合之处颇多。这是中国古代女子教育对教育理论的杰出贡献。

二、重视女性“礼仪”教育

在五帝时代，女性礼仪教育便已有了萌芽。周公旦制礼作乐，开启了礼乐文化的时代，自此以后，历朝历代都非常重视对女性的礼仪教育。《礼记·昏义》云：“敬慎重正而后亲之，礼之大体，而所以成男女之别，而立夫妇之义也。男女有别而后夫妇有义，夫妇有义而后父子有亲。”[①]《礼记·内则》对女性的言行举止有明确而详细的规定，其中载录了鲁国妇女的一整套仪节：“男不言内，女不言外。非祭、非丧，不相授器。其相授，则女受以篚。其无篚，则皆坐，奠之，而后取之，外、内不共井，不共湢浴，不能寝席，不通乞假。男、女不能衣裳。内言不出，外言不入。男子入内，不啸，不指，夜行以烛，无烛则止。女子出门，必拥蔽其面。夜行以烛，无烛则止。道路，男子由右，女子由左。”《礼记·曲礼》对妇女与丈夫及其家人打交道时的言行举止也做了明确的规定：“男女不杂坐，不同椸枷，不同巾栉，不亲授。嫂、叔不通问；诸母不漱裳（洗下衣）。外言不入于梱（指门槛），内言不出于梱。”女子许了亲，要有一个

---

① 阮元校刻：《十三经注疏》（下册），中华书局，1980，第1680—1681页。

明确的标示。《礼记·曲礼》说："女子许嫁，缨（系缨带以表示已经定亲）；非有大故，不入其门。姑、姊、妹，女子子（这些女性的女儿）已嫁而反，兄弟弗与同席而坐，弗与同器而食。"在对女子礼仪的教育中并非后世一味强调女子要"从"和"顺"，而是强调"夫妇有义"，对夫妇双方都提出了要求。丈夫言行合于道义，妻子便要听从；如果丈夫的言行举止不合于道义的标准，妻子可以拒不遵从。《礼记·礼运》说："父慈子孝，兄良弟悌，夫义妇听，长惠幼顺，君仁臣忠。""夫义"是"妇听"的前提，可以推出"夫不义，妇不听"这样一个论断。

妇女是家庭的"轴心"，在一家中起着十分重要的作用，女子所具备的和顺等美德在维护家庭秩序、家庭团结中发挥着重要作用。《礼记·昏义》称："妇顺备而后内和理，内和理而后家可长久也。"后世儒家将女子所具有的"和"的美德提升到"内和而外和，一家和而一国和，一国和而天下和"的高度。

女孩出生后，母亲就要求按照她们的年龄施以不同内容的教育。据《礼记·内则》记载，在贵族家庭，女孩所接受教育的内容是，从出生到能够饮食之时，就教她使用右手；能讲话时，就训练她应诺反应。女孩要有女性角色意识，穿戴也与男子有明显的不同，男孩要求用的大带须是皮革制成，而女孩须用丝线编织而成。6岁的时候，教给她们简单的数字与东西南北方位的名称；7岁的时候，教以男女不同席，不共食，以示男女有别；8岁的时候，教给她们出入门户及即席饮食，必后于长者，并着手教以进退辞让的礼节；9岁的时候，教以一月中的日数和朔望；10岁后，告以不出闺门，实在不得已须出门时，必须用头巾蒙挡其面。教导的内容是培养女子德行，所习家务无非是烹饪、缝纫、编结、丝麻及家庭中日常家务诸事。到15岁举行冠礼时，家庭要对女子施以做成年人应有的基本知识的教育，以告别孩童时代，顺利进入成年时期。

女子在许嫁后到出嫁前三个月，娘家要抓紧实施三个月的为人妇为人母的教育。《仪礼·士昏礼》中记载："女子许嫁，笄而醴之，称字。祖庙未毁，教于公宫三月；若祖庙已毁，则教于宗室。"出嫁前，父母还要教给女孩如何与公婆家人相处及治家理财的知识。

新媳妇过门，也要抓紧教育。这不仅是使其尽快适应新的家庭生活，而且要其在新环境中纠正以前某些不良习惯。成固陈省之妻、杨元珍之女杨礼圭，对家中两个儿媳妇的教育，颇值得重视。她曾在家中立有一"敕"，云："吾先姑，母师也。常言圣贤必劳民者，使之思善，不老则逸，逸则不才。吾家不为贫也，所以粗粮急务者，使知苦难，备独居时。"[①]杨礼圭教育儿媳的办法，是使她们不脱离劳动。在她看来，劳作与"思善"有着直接关系。如没有养成爱劳动的习惯，既容易"思邪"，也容易养成好逸恶劳的不良风气。杨礼圭教养儿媳粗茶淡饭，使其知人间的辛酸疾苦，以养成良好的道德品质。

孔子把正确处理两性关系看得十分重要，要使两性关系符合"礼"的标准，对于女子而言尤其关键。"礼"有道德、礼貌、礼仪等含义，但更多是道德与制度的结合体，是建立在道德基础上的制度，是约束人们思想言行的行动范式，在某种程度上可以与法律相提并论。一旦男女之间失去了"礼"的法度，就会出大

① 常璩：《华阳国志》，卷一〇（下），世界书局，1967，第380−381页。

问题。男女间过分密切的交往便等于淫邪。孔子在整理《诗经》时，尤其痛恨男女不合礼度而交往的诗歌。对于描写男女恋情的郑、卫民歌大加挞伐，告诫人们“放郑声，远佞人。郑声淫，佞人殆”。孔子对这些有淫邪之嫌的诗歌憎恶至极，认为这样的诗歌如流传下去，必然贻误后代，导致道德沦丧。

孟子有关女子教育思想的重要内容是礼与色关系的处理，守礼与人欲的关系应如何摆正。孟子认为防范男女之欲的礼比色欲更重要。孟子从“性善论”出发，承认饮食男女人之常性，但同时又宣扬人必须以善胜私欲。《孟子·告子章句》中有这样的记载：任人有问屋庐子曰：“礼与食孰重？”曰：“礼重。”“色与礼孰重？”曰：“礼重。”曰：“以礼食，则饥而死；不以礼食，则得食，必以礼乎？亲迎，则不得妻；不亲迎，则得妻，必亲迎乎！”屋庐子不能对，明日之邹以告孟子。孟子曰：“于答是也何有？不揣其本而齐其末，方寸之木可使高于岑楼。金重于羽者，岂谓一钩金与一舆羽之谓哉？取食之重者，与礼之轻者而比之，奚翅食重？取色之重者，与礼之轻者而比之，奚翅色重？往应之曰：‘紾兄之臂而夺之食，则得食；不紾，则不得食，则将紾之乎？逾东家墙而搂其处子，则得妻；不搂，则不得妻，则将搂之乎？’”

孟子的弟子屋庐子问遵照亲迎之礼得不到妻子，不通过亲迎之礼而私合反而能得到妻子，那么是应该坚持亲迎之礼而不满足自己的欲望呢，还是应违背礼制去私合以满足自己的性欲呢？孟子机智地否定了这个疑问本身，他说不能将“色之重者”与“礼之轻者”相比，因为二者没有可比性，将“男女居室，人之大伦”的“色之重者”与婚礼“亲迎”这一“礼之轻者”相提并论是完全错误的。夫妻居室的“人之大伦”，要通过亲迎去实现，如“逾东家墙而搂其处子”的不去亲迎的非礼行为，便不可称为正当的夫妻关系。可以说性欲得到满足，但不能说得到妻子。要以礼节欲，决不可“不待父母之命、媒妁之言，钻穴隙相窥，逾墙相从”，去干那种“父母国人皆贱之”的苟且事体。

孟子不仅反对男女私相授受，而且反对男女两性过分频繁的接触。但是孟子并不是墨守成规，而是有着特殊情况特殊处理的“灵活”原则的。在“男女授受不亲”之语的后面，还有变通之语，“嫂溺援之以手者，权也”。也就是说，嫂嫂掉到水里去了，小叔子援之以手，不属于离经叛道，与男女间勾肩搭背伤风败俗的轻佻行为不可类比。“男女授受不亲”中不乏合理的因子，含有人的生命价值为最高的意思。

《孟子·离娄章句》中有这样一段记述：淳于髡曰：“男女授受不亲，礼与？”孟子曰：“礼也。”曰：“嫂溺则援之以手乎？”曰：“嫂溺不援，是豺狼也。男女授受不亲，礼也；嫂溺援之以手者，权也。”曰：“今天下溺矣，夫子之不援，何也？”曰：“天下溺，援之以道；嫂溺，援之以手。子欲手援天下乎？”

后世宋明理学家将“男女授受不亲”推到极端，断章取义，混淆了“经”“权”之义，导致出现“抽刀断臂以成节”[①]之类的悲剧。

秦统一中国前的妇女，伦理道德规条的约束相对要少一些，行动也自由一些。从秦代开始，很重视女子的性道德教育。秦

① 某妇夫死，妇背着夫投宿。店主拒绝，妇执意不出其店，店主遂以手拉其臂，妇以为此手已经被玷污，坏了名节，遂以刀砍手臂，成就了她的“节义”。

统一后，秦始皇多次出巡，每到一地，便刻石阐扬其“男女有别”“女重贞节”的主张。秦始皇在会稽的刻石，内容最详细，文字也最长。秦始皇之所以对会稽这个地方尤其关注，是因为在此地越王勾践提倡繁殖人口，导致此地风俗比较淫逸一些。秦始皇巡游此地，之所以刻石立碑，目的是匡饬妇女不重视性道德的不良习俗。陈东原在《中国妇女生活史》中指出：“贞节被重视的时代，一定是社会不讲贞节的时代。”既然秦始皇走一路便一路刻石，说明民间风俗的淫乱已经到了十分厉害的程度。自从秦代强化女子性道德教育以来，性道德教育逐渐成为女子道德教育的核心。

三、女子的才艺教育

1.先秦时期女子的才艺教育

先秦时期女子教育是以家庭教育为依托，并没有女子学校。家庭是女子接受教育的唯一场所，小康以下之家，她的教师只有父母；贵族家庭，添加保姆为师。先秦时期女子教育无论是教育途径、方法和内容，都与男子教育判然有别。培养她们的目标不是要在礼、乐、射、御、书、数“六艺”方面达到什么程度，而是要把她们培养成“贤妻良母”。

2.汉代女子的才艺教育

汉代，女子受教育的主要场所是家庭。这里的家庭教育又分两种：宫廷女子教育和普通家庭女子教育。这里的普通家庭实际上主要是仕宦之家。仕宦之家的家庭女子教育，由子师或保姆、母亲承担，也有一部分由父亲承担。汉代家庭教育的内容也不仅限于家政，尤其是大家闺秀，有很多对诗、书、礼、乐略有通晓。秦汉之前的女子识礼者多，而秦汉时期的女子则知书者众，后汉的才女又远多于前汉。汉代女子家庭教育很少涉及技艺，有些“绝活”精妙的配方等，女子是不允许参与其间的。一般说来，女子不仅不可以当艺徒，而且家中所有的特殊技艺，尤其是关键的操作、配料、工序，只传儿子，不传女婿；只传媳妇，不传女儿。所以女子所学习的，多是如何做人的道理。

3.魏晋南北朝时期女子的才艺教育

魏晋南北朝时期，中下层家庭的女子接受的是传统的家庭教育，内容主要是一些基本的生活技艺，但是根据女子性情施以与说教迥然不同的教育的家庭也很多，这使得女子家庭教育和社会教育，在内容和形式上都有了一些变化，形成了一些新的特点。魏晋南北朝时期女子教育受到一定程度的重视，涌现出一大批光彩照人的才女，如西晋左思之妹左芬，是一位颇有见识、才华超群的女子，其诗作形成了情辞哀婉的艺术风格；东晋的谢道韫被世人称为“咏絮才”，她的“未若柳絮因风起”这一联咏雪诗在民间广为流传；十六国时期前秦著名才女苏蕙创作了中国诗歌史上叹为观止的《璇玑图》回文诗；南朝宋的女诗人鲍令晖也形成崭绝清巧的艺术风格，在文学史上占有极其重要的地位。在这个时期，儒家经学是女子家庭教育的重要内容。给女子传授儒家经书在以前诸代并不多见，但在魏晋南北朝时期却不乏其人，出现女子饱学之士，如被前秦国王苻坚赐予“宣文君”尊号的宋夫人。南朝吴郡的韩兰英博学多才，经书讲授精当，被南朝宋武帝任命为六宫各员的文化教师，成为中国女子教育史上最早的女博士。书法和武功教育也是女子家庭教育的内容，出现了西晋时期的女书法家卫铄、巾帼小将荀灌等有一定历史影响的人物。魏晋南北朝时期区别于其他朝代的主要特点之一是出现了众多的女性导师，她们因掌握有较扎实的文史知识和技艺，亲自以其一技之长传授生徒。此外，广大女性充当了孩子们的“第一任”教师，培养出了诸多人才，如三国时期的钟会，博学多闻，而且精通几种技艺，与其母亲张氏对他的教育有很大的关系。科学家何承天，幼年丧父，幸得母亲进行启蒙教育。

4.唐代女子的才艺教育

唐时期的女子教育，既对两汉以来女子教育思想制度有所继承，但是又不囿于传统，在继承传统的同时，有所开拓创新。唐太宗从长孙皇后身上看到了后宫女子教育与大唐国祚长治久安的至关重要的关系，他希冀通过后宫女子教育，使天下妇女均成为长孙皇后一样贤惠而有见识的女人。他采取的方法便是将长孙皇后树为榜样，让天下妇女效仿。后宫女子教育在长孙皇后执掌之后，逐渐出现重视女子文化知识教育和德行并重的倾向。曾在唐宫历掌诏命的女官上官婉儿的成长，是与后宫女子教育分不开的。唐代前期政治清明，人民生活殷实，是中国古代政治、经济、文化繁荣的鼎盛时期，这与后宫女子教育取得相当大的成功有很大的关系。唐代设立教坊和梨园，首开女子艺术教育之风，女子艺术人才群星璀璨，层出不穷，出现了诸如鱼玄机、李治等女诗人。这不仅是唐以前见所未见，也是以后诸朝代闻所未闻的，为女子艺术教育的发展作出了贡献。唐代女子艺术人才之所以如雨后春笋一般，与从朝廷到民间重视女子艺术人才教育，形成了良好的女子教育的文化氛围是有直接关系的。另外，唐代涌现了一大批女子教育的教材与读物。

5.宋元时期女子的才艺教育

中国女子教育发展到宋元时期，出现了一个大转折。宋代理学的形成，不仅使学术思想、社会生活和风俗制度等都发生明显转变，也使女子教育发生了深刻的变化。宋初女子教育与前代有很多相同之处，非但要求女子粗涉经史文章，而且女子通晓诗词音乐、琴棋书画的颇不在少数。据记载，此时女童有才者，亦可应科举考试。淳熙元年（1174年），就有一名为林幼玉的女童求试中书省，后经挑试所诵经书43件，均通，诏特封为孺人。①宋代不止有林幼玉一个女童参加科举应试，还出现八岁女童吴志瑞参加科举应试，《宋会要辑稿》记载："女童子吴志瑞令中书复试"，可惜因遭一朝臣的坚决反对未能如愿，吴志瑞顺利通过初试，已证明她的卓越。宋代涌现的才女众多且质量高，李清照、朱淑真、吴淑姬、张玉娘被后人称誉为"宋代四大才女"。宋代才女多如繁星，一个原因就是印刷术的普及，读书变得廉价而且容易。另一个原因是宋代重视女子教育，主张女子读书。朱熹主张女子从小要受教育，要读书有才，在《朱子语类》中明确主张："女子亦当有教，自《孝经》之外，如《论语》，止取其面前明白者教之。"他"病《女戒》浅薄"，打算重新编一本教育

① 苗春德主编：《宋代教育》，河南大学出版社，1992，第42页。

宋代女童的课本读物，“以配小学书”，只可惜没有完成。他的计划中明确拟定了讲学的篇目。许多宋人都主张女子读书，司马光说：“为人皆不可以不学，岂男女之有异哉？”宋高宗赵构也主张女子读书，“朕以谓书不惟男子不可不读，惟妇女亦不可不读，读书则知自古兴衰，亦有所鉴戒”。宋代女子接受教育不只在家中也可以在私塾学堂里。罗烨[1]在《醉翁谈录》记载：“静女者，乃延平连氏瞻缨之后。早孤，喜读书。母令入学。十岁，涉猎经史。”无疑静女的母亲是让静女去学校读书的。

宋元时期是女子艺术教育繁荣的时代，女子艺术教育得到了较大发展。女子歌舞教育和书法、绘画教育达到了相当高的艺术水平。宋代女子除受礼仪、文学、艺术教育之外，从事农、工、商者不在少数，甚至还有不少女子掌握了农、工、商诸业的特殊知识技能，学习的范围比较广泛，所掌握的知识技能也比较全面。在宋及宋以前女子教育的实施过程中，基本上是德才并重的。

6.明代女子的才艺教育

明代女子教育的唯一形式是家庭教育。明代女子在文学艺术方面有一定造诣者为数不少。明代官宦和富户之家的女子酷爱文学艺术，在诗词曲赋文等文学体裁和书法、绘画、歌舞等方面，接受了较好的教育，涌现了一大批女性文学艺术人才。明代很多女子接受了较好的文学艺术教育，她们在众多的文学体裁中，以接受诗教为甚，她们接受诗教的组织形式，一般多以家庭教育为主，也有一些女子是通过拜师请益步入诗坛的。四川宜宾女子尹

① 罗烨：宋末元初小说家，庐陵（今江西吉安）人。著有《醉翁谈录》20卷，是记载宋代戏曲、话本小说资料的笔记。

纫荣在明代诗坛占有一席之地。一位名叫吴娟的女子形成了“诗词婉畅”的艺术风格，被誉为“女博士”。黄峨为当时有名的才女，享有“曲中易安”之美誉。明代女诗集很多，数量远远盖乎以前诸代，显示了明代女子文学教育取得了丰富的成果，再一次证明女子的创新能力不在男子之下。明代女子书法教育、绘画教育和歌舞教育，也取得了骄人的成绩。明代女子修习书法极为普遍，据清代钱塘人厉鄂所编辑的《玉台书史》记载，明代女子书法颇有成就者总共54人。明代女子绘画教育也形成了一定的特色，据清代钱塘人汤漱玉所编辑的《玉台画史》记载，明代女子绘画颇有成就者达100多人。明代女子歌舞教育虽没有宋元那么红火，但也堪称盛极一时。到明中叶以后，唱民歌的女子逐渐多起来，民歌教育开始时兴，民歌成为民间歌舞教育的重要内容。

7.清代女子的才艺教育

清代前期女子文学艺术教育颇为兴盛，许多女子接受过一定程度的艺术教育。承明代之余绪，清代前期女子文学教育以诗词为最。陈东原在《中国妇女生活史》中指出：“清代学术之盛，为前此所未有，妇女也得沾余泽。文学之盛，为前此所未有。”陈维寂在《妇人集》中有97条记载明末清初妇女能诗词的逸事。后来，冒丹书撰《妇人集补》，补记了10条。嘉庆初年，许夔臣选辑《香咳集》，录各家妇女诗，少则也有100多首，多则500首，前冠有小传凡375家。在明末清初，江南富裕地区出现了一批职业女塾师。这些女塾师通过为上流人家的女孩教授儒家经典、诗歌艺术和绘画谋生。这些女塾师都是有着女性学问传统的文人家庭的女儿。常熟的著名诗人归懋仪[1]的家庭，就出版了大量她的诗歌，其中包括与她母亲的一个诗歌合集。还有一位诗、画塾师曹鉴冰是清早期的一位多产作家，她与母亲和祖母出版了一本诗歌合集。除诗教外，女子词作也获得了大丰收。女子善词者很多，还有很多擅长于曲的女子。她们在文学创作上之所以不让须眉，还是得益于接受了较好的文学艺术教育。在女子书法艺术教育方面，据厉鄂所辑《玉台书史》载，清代前期涌现出了不少对书法有较深造诣的女子。绘画也是清代女子艺术教育的重要内容。清代前期接受了良好绘画教育的女子不乏其人。汤漱玉所辑的《玉台画史》中，收录了众多擅长绘画的女子，这些女子不但绘画有一技之长，她们还能吟诗作赋，弹琴下棋，艺能十分全面。清代前期，女子的刺绣技术达到了很高的水平。这些女子的刺绣技术，不是简单的“女红”可以包容的，已经达到了艺术的高度，而且是很有档次的艺术。还有一些女子，接受过戏曲表演音乐技能训练，具有相当高的演技，而要做到这些，一定要具备较高的文化素养。女子们取得良好的艺术成就，如果没有良好的文化基础是不可能的。

四、女子劳作教育

中国素有重视女子劳作教育的传统。《管子》曰：“一女必有一刀、一锥、一针、一鉥，然后成为女。”“一女不织，民有为之寒者。”《周礼》载，宫廷中设有妇功、典丝、典枲、缝人

① 归懋仪：字佩珊，号虞山女史，江苏常熟人，清代女诗人。

等职专理女工，传授妇织技术，以“化治丝枲”。

宋元时期，亦有女子特殊技能培养的活动。有的比较贫困的家庭甚至产生“不重生男重生女”的慨叹。流落到海南的黄道婆，在黎族居民的帮助下掌握了一套植棉和纺织的先进技术，回到家乡后，将掌握的纺织技术毫不保留地传授给他人，是一位胸襟开阔、深明大义的伟大女性。

到了清代，清世祖在《内则衍义·勤之道·女工》中还着力强调：自国及家所需于女工者甚多，上而后妃，下而庶妇，皆当娴习，故《内则》女子十四姆即教以绩麻治丝、织纴组紃，其为妇女终身之事明矣……凡为妇女者，可以女工为缓哉？故《女诫》以专心纺丝绩麻为妇功，并戏笑戒之，诚恐开怠荒之端耳。

清世祖还将女子的饮食服务列入劳作的范畴。他在《内则衍义》中曾历数《礼记》《周易》《诗经》《女诫》中的有关记载，将这类劳作概括为：“饮食者，所以行礼而致孝也。女子以是为职。”民间也非常重视女子劳作教育，并将女子劳作教育写进了家训之中，累世同堂的大家族更注意女子的家庭劳作教育。在对女子进行劳作教育时，很强调一个“勤”字，纺织是清代前期女子劳作教育的重要内容。

五、女子私塾教育和社会教化

从清代前期开始，女子便开始了私塾教育。至于女子社会教化，各个朝代都视之为女子教育的重要形式。清代，女子私塾已经不是稀奇事情了。清初的《内则衍义》中提到“明贾氏，幼读书通大义。家贫而寡，设教女馆，授书自给，闺门肃然。事闻旌之”。顺治皇帝特加按语赞扬：“以女子而设馆教人，古今以来所不多有。贾氏家贫孀居，不得已而授书自给。其学问之博，可以概见；闺门肃然，其有得于学，并可以类推矣。”经最高统治者提倡，清代女子私塾得以推行。刊刻于清中期的女子教育读本《醒闺编·孝父母》中提到“教识字，教读书，普通常识使你知。出束脩，上学堂，银钱出自你爹娘”。这种收取银钱的正规女塾，也不再是个别的特例了。

女子社会教化的渠道主要有两个，一个是官府教化，一个是宗族教化。宗族教化主要是通过颁布宗族的条规等实现的。女子社会教化手段和方法，主要有宣传和惩劝两种。戏曲是女子社会教化的重要手段。此外，清代前期还利用过年过节、宗教等活动、仪式，对女子进行教化。

六、中国古代女子教育的教材及读物

从某种意义上说，《周礼》《仪礼》《礼记》也是最早的女子教育的教材。除了这些之外，各个历史时期都有自己女子教育的教材和读物。

1.汉代女子教育的教材及读物

汉和帝时，邓皇后是有名的才女，她主政17年，重视后宫嫔妃教育，拜班昭为师研读儒家经书，班昭所教内容，是以她所著《女诫》为教材，教后宫女子思想言行规范。班昭被后世称为“女子教育圣人”，对女子教育有深入思考。

蔡邕也曾作《女训》，对女儿蔡文姬施以严格的家庭教育，强调外在仪容与内在精神的和谐统一。

刘向被后世称为“女子教育的第一位圣人”，他大约在成帝永始元年（公元前16年）撰成《列女传》，他为什么要撰写一本女子教育的书呢？当然是认为实施女子教育具有紧迫性。《汉书·楚元王传》所附之《刘向传》载有他撰写此书的动机：“向睹俗弥奢淫，而赵、卫之属起微贱，逾礼制。向以为王教由内及外，自近者始，故采取《诗》、《书》所载贤妃、贞妇，兴国显家可法则，及孽嬖乱亡者，序次为《列女传》，凡八篇，以诫天子。”

2.隋唐时期女子教育的教材及读物

隋唐时期，女子教育教科书集一时之盛，编撰刊布了大量女子教科书及读物，对后世女子教育教科书的编撰产生了极大影响。从隋唐开始，人们就比较关注女子教育的教科书及读物了，从隋代的经籍中，可以比较清楚地了解到隋代和隋代以前女子教科书编写和传布的基本情况，根据《隋书·经籍志》的有关记载可知，包括隋代在内，流行的教科书有《女篇》《妇人训诫集》《妇姒训》《妇人书仪》《女记》《女训》等。唐代也编撰了一大批关于女子教育的教科书及读物，如《内训》《女训集》《古今内范》《内范要略》《孝女传》《女则要录》等。隋唐时期的女子教育的教科书及读物的最大特点，就是敢于将前人女子教育的教科书直接拿来做教科书之用，或者结合时代特征与需要进行新的诠释。唐代也推出了一部分新的女子教育的教科书及读物，影响最大的莫过于郑氏[①]撰写的《女孝经》和宋若华、宋若昭[②]姊妹联手撰写的《女论语》。《女孝经》侧重贵族女子言行举止规范的教育，《女论语》则侧重平常家庭女子居家过日子的教育。

值得注意的是，武则天作为女性帝王，深刻认识到女子教育的重要意义，亲自动手编撰了6本女子教育的教科书及读物。

3.宋代女子教育的教材及读物

北宋司马光和南宋袁采[③]都是宋代历史上颇有影响的人物。他们没有专门的女子教育论著，但是在他们的著述中，深刻阐述了他们的女子教育观，对宋代女子教育产生了很大影响。司马光撰写的《家范》，是一部比较完整、系统地反映我国古代社会家庭道德关系的伦理学著作。司马光对父母、子女、兄弟、姑嫂等人伦关系作了粗略的诠释，对祖、父、母、子、女、夫、妻等家庭成员提出了详细的、符合社会需求和家庭需要的道德要求。袁采的《袁氏世范》也是一部在当时较有影响的著作，袁采对广大女子的不平等地位寄予了同情与怜悯。

4.明代女子教育的教材及读物

由于明代女子教育依然是家庭教育，这一时期所言及的教育

---

① 郑氏：系唐朝散郎侯莫陈邈之妻。侯莫陈为三字复姓。

② 宋若华（？—820年）：《新唐书》作宋若莘，贝州清阳（今河北清河）人。父宋廷棻，生一男五女，男独愚不可教，而五女皆警慧，善属文。宋若莘最长，次为宋若昭、宋若伦、宋若宪、宋若荀，皆禀性贞素，不愿归人，欲以学名家。若华教诲诸妹若严师。

③ 袁采：生年不详，卒于1195年，字君载，信安（今浙江常山县）人。宋孝宗隆兴元年（1163年）进士，官至监登闻鼓院。《衢州府志》称其“登进士第，三宰剧邑，以廉明刚直称”。

教科书及读物，实际上是女子家庭教育的教科书及读物。明代家庭教育的教材及通俗读物空前兴盛，表明明代女子教育问题受到了全社会的关注。据统计，仅见于《明史》的女子教育研究著作就有《内训》《劝善书》《女鉴》《内则诗》《姆训》《女教续编》《古今列女传》《古今彤史》《内则类编》《女镜》《女范捷录》《女小儿语》《闺范》《闺诫》《温氏母训》《妇德四箴》《御下篇》《女儿经》等。明代秦淮寓客还辑刊了一部大型妇女丛书《绿窗女史》。

《女范捷录》系王相之母刘氏[①]所作，是明代以后影响较大、流布较广的妇女教育课本。在《女范捷录》“统论篇”中，提出“教女之道，犹甚于男”，认为儿女教育问题，女儿最重，因为儿子长大可以尊师取友，而女儿却失去良机，以后再纠正恶言恶行，将事倍功半。在“母仪篇”中，提出了“母仪先于父训”的思想，也正因为母仪之教在先，女子教育的重要性也就显而易见了。

明成祖的仁孝文皇后撰写皇室宫闱女子教育课本。永乐二年（1404年）书成，去世后，明成祖为纪念她，将她所撰写的《内训》颁赐臣民，成为皇室宫闱女子教育的教本，对上层社会家庭女子教育产生了深远影响。

吕得胜[②]的《女小儿语》语句俚俗，幼小女子喜闻而易晓，在嬉笑歌谣间，懂得关于女子如何做人的道理。

---

① 刘氏：系江宁（今属江苏南京市）人，幼善属文，30岁守寡。苦节60多年著有《古今女鉴》《女范捷录》等。

② 吕得胜：号近溪，河南宁陵人。明代著名学者吕坤之父。

吕得胜之子吕坤[1]为中下层百姓教育女子编撰了《闺范》和《闺诫》，通过大量贤良妇女的范例，阐述了其女子教育的主张，颇受欢迎。

继《闺范》之后，陆氏的《温氏母训》又成为在社会上产生相当影响的女子教育课本，这是一部“家传”之书，没有多少高深的理论，也没有太多的说教，都是实实在在的、教人如何治家做人的内容，通俗易懂，但不乏震世惊俗之论。《温氏母训》对教育子女的方法提出了独特见解，女子若是受了委屈，并不是不可以申辩。教子“能勤能俭”“自主自重”“切勿奢华”，做官要为民办实事，办好事，不要聚敛钱财。

徐士俊[2]的《妇德四箴》是在明代产生了一定影响的女子教育读物。王孟箕[3]的《御下篇》被陈宏谋收入《教女遗规》，也是影响较大的女子教育读物。《女儿经》[4]是明朝中叶以后女子教育的重要读物，是妇孺皆知的女子教科书。

5.清代前期女子教育的教材及读物

清代前期，女子教育比较繁荣发达，女子教育方面的教科书和通俗读物，既编纂出了女子教育的大型类书，又有对前代女子教育教科书和通俗读物的翻新改造；既有从新的角度编写的新的

① 吕坤（1536—1618年）：字叔简，号新吾，宁陵人。万历甲戌（1574年）进士。历任山西巡抚，官至刑部侍郎。后因不满朝政，称疾乞休，家居20年，以著述讲学为务。著有《呻吟语》《闺范》等。

② 徐士俊：字三有，仁和人。工乐府，名重一时。

③ 王孟箕：名演畴，江西彭泽人，万历进士。曾任山西布政使等。

④ 《女儿经》：作者不详，约刊行于明朝前期或中期，经明中叶以后在流传过程中增删而成。

教科书和通俗读物，又有对前代的增补完善。主要有《内则衍义》《新妇谱》《传家宝》《改良女儿经》《闺门女儿经》《闺门千字文》《女训约言》《女儿经》《妇女贤一说晓》《言行汇纂》《人生必读书》《愿体集》《醒闺编》《四言闺鉴》《女学》《教女遗规》等。

《内则衍义》系清世祖福临顺治十三年（1656年）承孝庄文太后之训御纂成书。顺治十三年，陆圻[①]将嫁其女，为使女儿在别姓家生活幸福，夫妻恩爱，公婆喜欢，邻居交口称赞，遂作《新妇谱》以训之。石成金在其代表作《传家宝》中辟有《好女娘歌》，确立了其“好女娘”的标准，又从反面立论，设有《坏婆娘歌》，使二者形成鲜明对照，以使“好女娘”标准更加突出。《改良女儿经》是《女儿经》的同胞变体，比《女儿经》更通俗化、大众化。《闺门女儿经》又名《四字女儿经》，是针对女子的蒙学通俗读物。《闺门千字文》将《千字文》编写方式用到女子教科书编撰上，创造了女子教育教科书和通俗读物的新形式。《女训约言》强调德行比衣服、首饰重要。《妇女贤一说晓》是贺瑞麟[②]撰写，设身处地为女子着想，分析女子的不同境地，教女子做人，对淹溺女婴和婆婆虐待儿媳的丑恶陋俗，给予了讽刺和鞭挞。王朗川[③]所撰写的《言行汇纂》实际上只收录了古今妇女的嘉言懿行，认为妇女是一家的关键人物。《人生必读书》实为

---

① 陆圻（1614—？年）：字景宜，一字丽京，号讲山。钱塘（今浙江杭州）人。

② 贺瑞麟（1824—1893年）：原名贺均，榜名瑞麟，字角生，号复斋，中阿山人，清末著名理学家、教育家、书法家。道光二十一年中秀才，后授业于关学大儒李桐阁，与山西芮城薛于瑛（仁斋）、朝邑杨树椿（损斋）并称“关中三学正”。

③ 王朗川：生卒年代不详，为康熙末年的诸生。湘阴（今属湖南）人，字佐仗，号朗川。

《妇女必读书》，是唐彪[①]撰写，唐彪在书中对如何处理好夫妻关系，提出了一些可资参考的做法。在子女教育方面，既讲清了道理，又有一定的可操作性。《愿体集》是史典[②]撰写的，其中关于女子应多知“居家涉世之事”和婚嫁不要讲求排场和追求嫁妆的论述，是有一定积极意义的。廖免骄[③]的《醒闺编》和冯树森的《四言闺鉴》是清代中后期在女子教育通俗读物中影响较大的两本书。和其他女子教育的教科书及读物相比，说理的角度和方法有所不同，所以在女子教育通俗读物方面都占有一定的地位。在《醒闺编》中，廖免骄不仅强调早教，还强调要用正确的方法和正确的观念来教。父母在教育子女问题上要统一，不可一个唱红脸，一个唱白脸。告诫丈夫应当体贴妻子的甘苦，顾及妻子的一些权益，不要无端地动辄打骂妻子。在训教媳妇孝顺公婆的时候，也提醒公婆学会做人，养性情，待儿媳要仁慈疼爱，不可虐待。《醒闺编》还专辟一章，鞭笞淹溺女婴的劣性。《醒闺编》通俗易懂，情真意切，使妇女们从中受到教益。《四言闺鉴》四字一句，取材宏富，囊括了名媛美女、贤妻良母的嘉言懿行，也是清代女子通俗读物中较有特色的一种。《女学》是蓝鼎元[④]于康熙五十一年（1712年）撰写，共分五篇，首篇为“女学总要”，其女子教育思想集中反映在“女学总要”之中。陈宏谋[⑤]的《教女

---

① 唐彪：字翼修，清初浙江兰溪人。

② 史典：生卒年代不详，大约生于清代中期。字搢臣，名典，江南（今江苏）扬州人。

③ 廖免骄：生卒年代不详，大约生于清代中期。

④ 蓝鼎元（1675—1733年）：字玉霖，号鹿洲，福建漳蒲人，历任广东普宁、潮阳知县，广州知府等职。学宗程朱，撰《女学》。著述颇丰。

⑤ 陈宏谋（1696—1771年）：字汝咨，号榕门，广西临桂人。雍正元年（1723年）进士，历任检讨、知府、巡抚、总督等职，官至东阁大学士。学宗宋儒，辑有《五种遗规》。重视女子教育，在《五种遗规》中专辟《教女遗规》。

遗规》辑于乾隆七年（1742年）九月，是继《女学》之后又一本女子教育论著的专辑。其内容是曹大姑的《女诫》，蔡邕的《女训》，宋若华、宋若昭的《女论语》，吕近溪的《女小儿语》，吕新吾的《闺范》，王孟箕的《御下篇》，温璜的《温氏母训》及《愿体集》《人生必读书》《言行汇纂》《女训约言》等10余种。由于他的集中编录，更加大了中国传统女子教科书和通俗读物的影响，而且普及面更广了，"村姑里妇"无不知晓。

鸦片战争之后，中国女子教育完成了由社会、家庭教育向学校教育的转型。

中国古代女子教育虽不同于现代学校教育，但也培养出了许多女性人才。她们中的许多人在文学、艺术、技术、军事等方面都有很高的成就，她们的生平和事迹被载入史册，成为现代女性学习的榜样。中国古代女子教育非常注重女子家庭生活教育，教给她们家庭生活的常识，如何扮演好家庭角色，出现了许多为人称颂的孝女、贤妻、良母，她们在家庭生活中发挥了独特作用，在树立良好家风和弘扬中华民族家庭美德方面发挥了独特作用，她们也同样被载入史册，成为现代女性学习效法的楷模。中华优秀传统文化孕育和培养了中国历史上这么多杰出的女性人才，而这些杰出女性人才的贡献以及她们在成长成才的过程中所展现出的自强不息的奋斗精神、爱国主义精神也已经熔铸进中华优秀传统文化的血脉中，成为中华优秀传统文化的重要内容。中华优秀传统文化中蕴含着新时代女性发展需要的文化元素和思想元素。弘扬中华优秀传统文化促进新时代女性发展，是有其一定的历史根据和文化基础的。

本节小结

中国古代的女子教育主要是在家庭中由女性长辈进行的，主要侧重于生活教育，注重胎教和早教，重视女性“礼仪”教育、才艺教育和劳作教育，各个历史时期都有自己女子教育的教材及读物。教育的目的是培养合格的家庭成员，并且已经形成较为完整的教育体系。

第二节　中国古代历史上的杰出女性

中国历史上有许多为人类社会发展作出过突出贡献的杰出女性，尽管时代不同、领域不同，但共同点是，作为女性，她们在社会发展中都发挥了独特作用。

一、中华民族的人文母祖——嫘祖

中国是世界历史上悠久的文明大国，先民创造了闻名于世界的灿烂文化。嫘祖是有史籍记载的中华民族的伟大母亲、华夏文明的奠基人，是我们先祖女性中的杰出代表。嫘祖首倡婚嫁，母仪天下，福祉万民，和炎黄二帝开辟鸿蒙，告别蛮荒，功高日月，德被华夏，被后人奉为“先蚕”圣母，与炎帝、黄帝同为人文始祖。嫘祖文化是中华传统文化的宝贵遗产和精华，它属于华夏上古文化、根文化的范畴，是世界丝绸文化的宝贵财富，是炎黄文化、巴蜀文化的重要组成部分，也是东方女性文化的光辉典范。

《史记·五帝本纪》载：“黄帝居轩辕之丘，而娶于西陵之女，是为嫘祖。嫘祖为黄帝正妃，生二子，其后皆有天下。”

传说嫘祖是养蚕缫丝方法的创造者。北周以后，嫘祖被祀为

“先蚕”（蚕神）。唐代著名韬略家、《长短经》作者、大诗人李白的老师赵蕤所题唐《嫘祖圣地》碑文称：“嫘祖首创种桑养蚕之法，抽丝编绢之术，谏诤黄帝，旨定农桑，法制衣裳，兴嫁娶，尚礼仪，架宫室，奠国基，统一中原，弼政之功，殁世不忘。是以尊为先蚕。”

二、中国历史上第一位女政治家、女军事家——妇好

妇好生活于公元前12世纪前半叶，武丁重整殷商王朝的历史时期，是我国有历史记录的最早的女政治家和军事家，中国历史上第一位有据可查的女英雄，是商王武丁60多位妻子中的一位，死后庙号“辛”。她是中国历史上有名的军事家，是个善于打仗的女将军，殷墟的甲骨文记录她攻克了周边诸多方国，这在历史上都是罕见的。

出土的大量甲骨卜辞表明，妇好多次受命征战沙场，为商王朝拓展疆土立下汗马功劳。她还经常受命主持祭天、祭先祖、祭神泉等各类祭典，又任占卜之官。商朝的武功以商高宗武丁时代最盛，武丁通过一连串战争将商朝的版图扩大了数倍，而为武丁带兵东征西讨的大将就是他的王后妇好。甲骨文记载：有一年夏天，北方边境发生战争，双方相持不下，妇好自告奋勇，要求率兵前往，武丁犹豫不决，占卜后才决定派妇好起兵，结果大胜。此后，武丁让她担任统帅。她东征西讨，打败了周围二十多个方国（独立的小国）。那时作战，出动的人数都不多，一般也就上千人，但是根据记载，妇好攻打羌方的时候一次带兵就有一万三千多人，也就是说占都城十分之一的军队都交给了她。

三、中国历史上第一位女史学家——班昭

班昭（约45—约117年），又名姬，字惠班，扶风安陵（今陕西咸阳东北）人，东汉史学家、后宫之师、女圣人。史学家班彪之女、班固之妹。班昭出身儒学世家，父亲班彪、伯父班嗣都是有名的学者，在父辈的影响熏陶下，班昭学问广博，很有才干。十四岁时，班昭嫁与同郡人曹世叔。汉和帝永元元年（89年），窦宪因擅权被杀，班固被牵连，死于狱中。《汉书》未成，稿本散乱。班昭继父兄遗志，在藏书阁经年累月孜孜不倦地阅读了大量史籍，整理、核校父兄遗留下来的散乱篇章，并在原稿基础上补写了八表，即《异姓诸侯王表》《诸侯王表》《高惠高后文功臣表》《景武昭宣元成功臣表》《外戚恩泽侯表》《百官公卿表》《古今人表》等。除整理、续写《汉书》外，班昭在传播和普及《汉书》方面，也颇有贡献，曾教授大儒马融等诵读《汉书》。《后汉书·列女传》记载，班昭著作有赋、颂、铭、诔、问、注、哀辞、书、谕、上疏、遗令等，共十六篇，其儿媳丁氏曾编撰成集，今佚。班昭还撰写了对当时和后世影响较大的作为“女四书”之一的《女诫》。

汉和帝多次召班昭入宫，并让皇后和贵人们视其为老师，号“大家（音太姑）”，由于夫家姓曹，被称为“曹大家”。由于班昭博学高才，每逢各地贡献珍贵稀奇物品，就叫班昭作赋赞扬。邓太后临朝听政后，特许班昭参与政事。班昭为政勤奋，邓太后非常满意，破格加封班昭之子曹成为关内侯，官至齐国的国相。永初七年（113年）正月，班昭之子曹成出任陈留郡长垣（今河南长垣县）长，班昭随其子到长垣就职。进入长垣以后，班昭

追忆先贤，触景生情，仿班彪《北征赋》写成《东征赋》。班昭年逾古稀而逝，邓太后身穿素服表示哀悼，并派使者监办班昭的丧事。

班昭主要功绩是继承父亲班彪和兄长班固的未竟事业，整理并最后完成了《汉书》这部重要史籍，更是中国历史上唯一一位参与史书编著的女性。

四、文学艺术家蔡琰

蔡琰，字文姬，别字昭姬，陈留郡圉县（今河南杞县）人，文学家蔡邕之女，东汉时期女文学家，博学多才，擅长文学、音乐、书法。她是汉代著名才女，有良好的家学渊源，自幼受到良好的家庭教育，初嫁于卫仲道，南匈奴入侵时，为匈奴左贤王所掳，并生育两个孩子。曹操统一北方后，花费重金将她赎回，后嫁给董祀。

董祀犯了死罪，蔡琰去找曹操给董祀求情。当时曹操正在宴请公卿名士，对满堂宾客说："蔡邕的女儿在外面，今天让大家见一见。"蔡琰披散着头发光着脚，叩头请罪，说话条理清晰，情感酸楚哀痛，满堂宾客都为之动容。但曹操说："可是降罪的文书已经发出去了，怎么办？"蔡琰说："你马厩里的好马成千上万，勇猛的士卒不可胜数，还吝惜一匹快马来拯救一条垂死的生命吗？"曹操终于被蔡文姬感动，赦免了董祀。

蔡琰是一个"活图书资料室"，能准确记诵亡佚的文章400余篇，在天下丧乱之际为资料文献的保存作出了相当大的贡献。《后汉书》卷一一四《列女传》载，由于东汉之末兵荒马乱，史书多所散佚。蔡邕所遗下的4000多卷书，因流离失所，荡然无存。曹操深知蔡文姬博学多才，问起她家藏书来。她说均已遗失，现在仅能背诵400余篇了。曹操要她凭记忆将这400多篇整理出来，还准备派十名官吏协助其事。操曰：“今当使十吏就夫人写之。”

蔡琰在文学、音乐和书法方面素养很高，且都取得了一定成就。这与她所受的家庭教育有关。蔡邕曾作《女训》一篇，阐述了外表美与心灵美的关系，强调既要“修面”，也要“修心”，二者应该是统一的。作为女子，要追求外表的美，更要追求心灵的美。他主张修面与修心同时进行。二者比较，修心比修面更重要。蔡邕实施的这种教育，在蔡琰的身上收到了明显的效果。如果蔡琰没有受过良好的文史知识训练及家学环境的熏陶，就无法想象其能取得如此大的创作成就。

蔡琰归汉后作有《悲愤诗》两首，一首为五言体，一首为骚体。其中五言的那首侧重于“感伤乱离”，是一首叙事诗，是中国诗歌史上第一首文人创作的自传体长篇叙事诗。

《胡笳十八拍》是中国古乐府琴曲歌辞，长达一千二百九十七字，是一首由十八首歌曲组合的声乐套曲。明朝人陆时雍在《诗镜总论》中说：“东京风格颓下，蔡文姬才气英英。读《胡笳吟》，可令惊蓬坐振，沙砾自飞，真是激烈人怀抱。”

蔡琰九岁时，父亲蔡邕夜间弹琴，突然断了一根弦，蔡琰说：“是第二根弦断了。”蔡邕说：“你这不过是偶然说中罢了。”于是又故意弄断一根问她，蔡琰说是第四根。这么高的音乐素养，显然与她在家庭生活中所受的教育、父亲的点拨及环境的耳濡目染有关。蔡邕写过《训女鼓琴》一文，认为鼓琴作为一种娱乐活动，对孩子的身心发展是有益处的。蔡文姬辨琴的故事在《三字经》中也有出现，即“蔡文姬，能辨琴”。

蔡琰的父亲蔡邕是一位大书法家，创造了八分字体。蔡琰本人随父学习书法，书法造诣很高。蔡琰将笔法传给魏大臣钟繇。韩愈曾说：“中郎（蔡邕）有女能传业。”蔡琰曾在曹操的要求下默写古籍，说自己不管是真书还是草书都可以写。文姬曰：“‘妾闻男女之别，礼不亲授。乞给纸笔，真草唯命。’于是缮书送之，文无遗误。”

蔡琰不仅是汉代，也是后世各代才女成长的一个缩影。在她的身上既深深地打上了汉代女子教育大气候的烙印，同时又有一些独特的教育方式与内容。

五、文学家左芬

魏晋南北朝时期女子家庭教育受到一定程度的重视，涌现出一大批光彩照人的才女。其中首屈一指的就是诗人左思的妹妹左芬。

左芬，字兰芝，西晋临淄（今山东淄博市东）人，约生于高贵乡公正元元年（254年），卒于永康元年（300年）。中国较早的一批女诗人之一，她勤学不倦，善于文辞，是一位颇有见识、才华超群的女子。父亲左熹做过殿中侍御史、弋阳太守等官。晋武帝司马炎闻听左芬才情过人，即将其纳入后宫，泰始八年（272年）拜为修仪，后为贵嫔，世称左嫔妃，又称九嫔。《晋书·后妃传》有她的传记。左芬被选入后宫，左思曾作《悼离赠妹诗》两首。所谓“悼离”，更与寻常离别不同，因为被征入后宫，咫尺便是天涯，生离亦同死别。

左芬的诗仅存两首，其中一首《感离诗》：“自我去膝下，倏忽逾再期。邈邈浸弥远，拜奉将何时。披省所赐告，寻玩悼离词。仿佛想容仪，欷歔不自持。何时当奉面，娱目于书诗。何以诉辛苦，告情于文辞。”

左芬原有集四卷，散佚，今存作品，除上述两首诗外，尚有赋、颂、赞、诔等二十余篇，大都为应诏之作，文辞甚为妍丽。

六、“咏絮之才”谢道韫

谢道韫，亦名谢道蕴，名蕴元，字令姜，东晋陈郡阳夏（今河南太康县）人，生卒年不详，大约生活在成帝咸康（335—342年在位）末年至安帝隆安（397—401年在位）末年，是我国魏晋时期一位有才华的女诗人，魏晋三大才女之一。谢道韫是宰相谢安的侄女，安西将军谢奕的长女，名将谢玄的长姊，也是著名书法家王羲之儿子王凝之的妻子，中国古代著名才女、诗人。

谢道韫擅写诗文，有《泰山吟》《论语赞》等作品传世。其因作有“未若柳絮因风起”的诗句，其中比喻精妙而广为人知，故后世多用“咏絮之才”来称许有文才的女性。除了诗词，谢道韫还善思辨，曾帮王献之与朋友“谈议”。谢道韫自幼受到良好的教育。一次，叔父谢安问她：“《毛诗》中何句最佳？”谢道韫答道：“诗经三百篇，莫若《大雅·嵩高篇》云，吉甫作颂，穆如清风。仲山甫永怀，以慰其心。”谢安大赞其雅人深致。

谢道韫在王家平淡地过了数十年，此时东晋王朝气数已尽，孙恩、卢循起义爆发了。当时任会稽内史的王凝之已迷恋上道教，面对强敌进犯，不是积极备战，而是闭门祈祷道祖能保佑百姓不遭涂炭。谢道韫劝谏了丈夫几次，王凝之一概不理，谢道韫只好亲自招募了数百家丁天天加以训练。孙恩大军长驱直入冲进会稽城，王凝之及其子女都被杀。谢道韫目睹丈夫和儿女蒙难的惨状，手持兵器带着家中女眷奋起杀贼，但终因寡不敌众被俘，此时她还抱着只有三岁的外孙刘涛。她对孙恩厉声喊道："大人们的事，跟孩子无关，要杀他，就先杀我！"孙恩此前听说过谢道韫是一位才华出众的女子，今日又见她如此毫不畏惧，顿生敬仰之情，非但没有杀死她的外孙刘涛，还派人将他们送回会稽。从此谢道韫寡居会稽，足不出户，只是打理本府内务，闲暇时写诗著文，过着平静的隐士生活。孙恩之乱平定不久，新任会稽郡守的刘柳前来拜访过谢道韫。事后，刘柳逢人就称赞谢道韫说："内史夫人风致高远，词理无滞，诚挚感人，一席谈论，受惠无穷。"谢道韫的后半生写了不少诗文，汇编成集，流传后世。

谢道韫长于诗文，刘孝标注《世说新语·言语》引《妇人集》说：谢道韫有文才，所著诗、赋、诔、讼，传于世。她的作品《隋书·经籍志》载有诗集两卷，已经亡佚。《艺文类聚》保存其《登山》（又名《泰山吟》）和《拟嵇中散咏松》两首诗，《全晋文》收其《论语赞》。

谢道韫不仅诗文写得很出色，而且她具有很强的思辨能力。魏晋时代，"人士竞谈玄理"（时人称道家的《老子》《庄子》和儒家的《易》为"三玄"），清谈成为一种风气。有的人甚至通过谈玄，"累居显职"。谢道韫虽然不想当官，对玄理却有很深的造诣，并善于言谈。据《晋书·王凝之妻谢氏》记载，有一天，王凝之的弟弟王献之在厅堂上与客人“谈议”，辩不过对方，此时身在自己房间的谢道韫听得一清二楚，很为小叔子着急，想帮他一下，遂派遣婢女告诉王献之要为他解围。然而，封建时代“男女授受不亲”的规矩又限制女人不能随便抛头露面。谢道韫就让婢女在门前挂上青布幔，遮住自己，然后就王献之刚才的议题与对方继续交锋，她旁征博引，论辩有力，最终客人理屈词穷。

后世对谢道韫的评价极高。济尼①说：“王夫人神情散朗，故有林下风气。”余嘉锡②说：“道韫以一女子而有林下风气，足见其为女中名士。”《妇人集》载：“谢道韫有文才，所著诗、赋、诔、讼，传于世。”

七、回文诗集大成者——苏蕙

苏蕙，字若兰，始平（今陕西杨凌大寨镇）人，魏晋三大才女之一，善属文，回文诗之集大成者，传世之作仅一幅用不同颜色的丝线绣制的织锦《璇玑图》。苏惠是陈留县令苏道质的三姑娘，她从小天资聪慧，三岁学字，五岁学诗，七岁学画，九岁学绣，十二岁学织锦。及笄之年，已是姿容美艳的书香闺秀，提

---

① 济尼：名字叫济的尼姑。当时和谢道韫齐名的还有一个绝世才女张彤云，张彤云嫁到江南第二世家顾家。济尼常常出入王、顾两家，有人问谢道韫与张彤云谁更好一些，济尼说：“王夫人神清散朗，故有林下风气；顾家妇清心玉映，自有闺房之秀。”《世说新语·尼姑评二才女》中“有济尼者，并游张、谢二家”这句话。

② 余嘉锡：当代著名目录学家，古文献学家，博览群书，著作等身。主要作品有《世说新语笺疏》《目录学发微》等。

亲的人络绎不绝，但所言皆属庸碌之辈，无一被苏蕙看上。后嫁与秦州刺史窦滔。窦滔在苻坚当政后，觉得文武才略有了施展的机会，入仕前秦，政绩显著，屡建战功，升任秦州刺史。后因被奸臣嫉贤妒能，谗言陷害，被判罪徙放流沙（今新疆白龙滩沙漠一带），与妻苏蕙在阿育王寺北城门外海誓山盟，挥泪告别。苏蕙表白对窦滔的忠贞不渝的爱情，等他回来团圆，海枯石烂不变心，誓死不改嫁，可是窦滔到流沙后却另寻新妇，苏蕙得知，由相思转为郁愤。花前月下，椒房灯前，吟诵成如诉如怨哀婉的情诗；织成婉转循环锦绣文诗寄与窦滔，使夫妻关系重新和好。苏蕙用一腔幽情创制的《璇玑图》真能称得上千古之绝唱，享誉古今。

多才多艺的苏蕙还是一个多产的女诗人。除《璇玑图》诗文外，还有诗著五千多首，可惜都已散佚，无人搜集。

关于《璇玑织锦诗》的读法，相传初时只有苏蕙夫妻能读。历代都有探新，不断增加诗的首数。宋元年间，有个名叫起宗道的人，将全诗分为七团，读出3752首诗；到了明朝，经史学家康万民从七团中又分出一图，得诗4206首。后人又推读出7958首。她以后，一千多年来，历代不少文人学士，也创制了许多回文诗词，如南朝齐的王融，唐代的藩孟阳、张荐，宋代的王安石、苏轼、李禺，明代的汤显祖、张芬，清代的张淮、邱琼山、谢默卿等，也都写过多首回文诗。但像苏蕙的《璇玑图》能读出几千首的没有。不过，后人的回文诗词也有创新，有的诗词可随句倒读；有的词点破原句，倒读构成同体词；也有将诗句倒读后变成一诗词的，难度逐渐加深。后来的回文诗词不论有几多变新，苏蕙都是他们的启蒙老师。

回文诗范围扩大到词，又进入了对联领域，而且有不少趣闻。清代北京有座“天然居”酒楼，楼上高悬一副五言回文短联，文曰：“客上天然居，居然天上客。”乾隆皇帝把这副对联回文成上半副对联，征邀下半副对联，文曰：“客上天然居，居然天上客。”纪晓岚对上了下联，文曰：“人过大佛寺，寺佛大过人。”有个无名的穷书生不服气，也对上了下联，文曰：“僧游云隐寺，寺隐云游僧。”两则下联可同称佳妙，为人仰慕，流传于世，从此回文对联逐渐多了起来，至今仍然盛行。人们一谈到回文诗、词、对联的时候，很自然地就想起了千年前创始回文织锦《璇玑图》的才女苏蕙。

八、“宣文君”宋夫人

宋夫人，大约于西晋太康三年（282年）出生于鄴城（今河北临漳、河南安阳一带）。宋夫人出身于世代儒学之家，是宋家的独生女儿，幼年丧母。宋家儒学继世，父亲是一位饱学之士，也许是因为膝下无子，他把继承家学的希望寄托在女儿身上。自幼父亲就带女儿念书习字，熟诵儒家经典，为钻研经史典籍打下了扎实的基础。在父亲的精心栽培下，她具备了较扎实的功底。后来父亲又向她讲授《周官》音义，说：“吾家世学《周官》，传业相继。此又周公所制，经纪典诰，百官品物，备于此矣。吾今无男可传，汝可受之，勿令绝世。”父亲把女儿当儿子一般看待，这在那个时代的确是难能可贵的。后来父亲在战乱中死去，她继承父志，与丈夫一起竭力保存父亲遗留下来的书卷，离乡背井，辗转山东。她含辛茹苦，劳累忙碌，但不忘诵习《周官》，增进学业。收留他们全家的胶东巨富程安寿见她如此刻苦自励，勤奋治学，常常赞叹道："学家多士大夫，得无是乎！"感叹很少见妇女有如此饱学者。

苻坚是一位氐族帝王，很重视学术文化。他亲临太学，询问博士经典，了解到因战乱造成的"礼乐遗阙"现象极为严重时，深感痛惜。后经努力，儒家主要经书大致齐备，只是《周官礼注》仍无合格师资讲授。苻坚打听到太常韦逞之母宋夫人，出身积学之家，传其父业，深解《周官》音义，年虽八十，但耳聪目明，身体健康，除了她，再也没有合适的人选传授这门绝学了。苻坚决定在宋夫人家设讲堂，选派生员120人，让她置帷讲授。前秦甘露四年（362年），宋夫人以80岁高龄立于讲堂，开班教授《周官》音义，被前秦国王苻坚赐予"宣文君"的尊号。这大概是中国女子教育史上最早有史料佐证的由女性教师主持的设班级教学的案例。

九、书法家卫夫人

卫夫人（272—349年），河东安邑（今山西夏县）人。名铄，字茂漪，自署和南。东晋女书法家。传为书法家王羲之之师。汝阴太守李矩之妻，世称"卫夫人"。卫夫人少好学，酷嗜书法艺术，很早就以大书法家钟繇为师，得其规矩，特善隶书。据她自述："随世所学，规摹钟繇，遂历多载。"她曾作诗论及草隶书体，又奉敕为朝廷写《急就章》。其书法作品虽未能流传至今，但从前人的有关论述中，尚可窥见其风格之大概。

晋人钟繇曾称颂卫夫人的书法，说："碎玉壶之冰，烂瑶台之月，婉然若树，穆若清风。”充分肯定了卫夫人书法高逸清婉、流畅瘦洁的特色。这实际上是对钟繇书法风格的继承，但在钟繇瘦洁飞扬的基础之上，更流露出一种清婉灵动的韵味。唐代韦续则曰：“卫夫人书，如插花舞女，低昂芙蓉；又如美女登台，仙娥弄影；又若红莲映水，碧治浮霞。”连用三组美丽的形象来比拟其书法，可知卫夫人的书法充溢着美感，带有女性特有的妩媚娇柔的风格，又与钟繇迥异其趣。这是卫夫人结合自身气质特点，在学习钟繇基础之上的发展和创造。韦续因此将卫夫人归入著名书法家，列为上品之下，即第一等第三级。唐代李嗣真对此持相同意见，并指出卫夫人“正体尤绝”。唐代著名书法理论家张怀瓘甚至把卫夫人的书法归入妙品，仅仅屈居最高一等神品寥寥数人之下。由以上评述，可以看出卫夫人在当时书坛上的重要地位。

卫夫人不但在书法艺术实践上有突出成就，不让须眉，而且在书法艺术理论方面也有重大建树和比较全面深入的论述。她撰有《笔阵图》一卷，全面、深入地参考了有关的书法理论，并提出自己的看法。

卫夫人在书中首先提出，书法之妙“莫先乎用笔”。主张学习书法要上溯其源，师法古人，反对谙于道理，学不该赡，以致徒费精神，学无成功。卫夫人又提出，在学习和创作时，要注意选用笔、墨、纸、砚的品种和产地，强调工欲善其事，必先利其器。又着重指出，执笔要有讲究，不同书体应采用不同的执笔法，并加以具体分析，说：“有心急而执笔缓者，有心缓而执笔急者。若执笔近而不能紧者，心乎不齐，意后笔先者，败；若执笔远而急，意前笔后者，胜。”超出了单纯论述执笔的范围，而对书法艺术中的笔、意关系和书家修养等作出深刻的论述。对书写不同字体时的用笔，卫夫人亦有精辟论述，她认为用笔有六种方法，如篆书是“飘扬洒落”，章草为“凶险可畏”，八分书为“窈窕出入”，飞白书为“耿介特立”，倘能“每为一字，各象其形”，则“斯超妙矣，书道毕矣”。应该说，卫夫人关于用笔的论述，在今天也仍然有其可取之处，她实质上是就此提出了书法家把握不同字体书写风格的问题。具体到笔画上，卫夫人针对七种不同笔画的书写，提出七条标准，卫夫人对七种基本笔画的描述，形象生动，恰合关窍，实为初学书法者良好的入门途径。

此外，卫夫人在《笔阵图》中还提出初学书法，“先须大书，不得从小”“善鉴者不写，善写者不鉴”等理论原则，也都是宝贵的经验之谈。在上述论述的基础上，卫夫人概括她对书法艺术总体的认识，提出了“力筋”之说。她认为：“下笔点墨画芟波屈曲，皆须尽一身之力而送之。”“善笔力者多骨，不善笔力者多肉。多骨微肉者，谓之筋书；多肉微骨者谓之墨猪。多力丰筋者圣，无力无筋者病。”这是卫夫人毕生从事书法艺术实践所得，代表了她对书法艺术理论总的认识，为后代书法家指出了努力方向和途径，也成为中国书法理论中的重要内容和评判标准，对历代书法理论和实践的发展都产生了巨大影响。尽管卫夫人的《笔阵图》参考和汲取了前人的某些论点，但她在继承的基础上加以发展创造，功不可没。她在《笔阵图》里，首先提出“多力丰筋”说。这是一个重要的创见。后来王羲之还写了一篇《题卫夫人〈笔阵图〉后》的文章，对卫夫人的理论，又进一步进行了阐述和发展。唐人孙过庭在《书谱》中曾疑《笔阵图》为六朝人作，张彦远《法书要录》乃题作卫夫人撰。

卫夫人生前名望已远播海内，王羲之少年时曾拜在其门下，学习书法，其后青出于蓝，成为中国书法史上首屈一指的人物。卫夫人成年后嫁给汝阴太守、汀州刺史李矩为妻。有子名李充，官至中书侍郎，受其母影响，亦颇有书名。

十、智勇双全的女英雄——荀灌

荀灌（303—？年），字灌娘，故又称“荀灌娘”，颍川临颍（今河南临颍县）人，散骑常侍、平乐伯荀崧之女，是我国古代智勇双全的女英雄。她十三岁时，便做出了一件惊天动地的大事情。

荀灌的父亲荀崧是襄阳太守。他在任上做了一些受老百姓欢迎的事，同时也得罪了一些人。部下杜曾对荀崧不满，为报私仇，经过一番密谋策划，发动了一场叛乱。杜曾突然带领重兵包围了襄阳城，扬言破城之后要杀掉太守荀崧，还要杀尽那些忠于太守的人。荀崧公正无私，为官清廉，深受襄阳老百姓爱戴，他们和守军一起拼命抵抗。杜曾每天指挥部下攻城，死伤无数，仍不罢手。双方对峙日久，城里粮草一天比一天减少，守城的军民死伤人数一天比一天增多。荀崧心急如焚，对部下说：“坐以待毙是不能持久的。只有派人突围出去，向平南将军石览求援才行。我待他不薄，只要他知道我的危急处境，必定会发兵来救襄阳。”话虽这样说，可是，那众多的叛军重重包围，连一只鸟儿也难飞出城去，怎样突围求救呢？两天过去了，还没有一个人自告奋勇突围搬救兵。

情势更危急了，荀崧决定自己突围求援。众将士不让太守去，一个个苦苦相劝。这时，十三岁的荀灌推开众人，走上前来。她说："父亲重任在身，正在带领襄阳军民战斗。怎可随便离开？还是让女儿突围求援吧。"父亲知道女儿从小跟着自己习武，早就练出了一身好功夫，刀枪剑戟也很娴熟，但是担心她人小力单，难当大任。荀灌急了，恳求说："襄阳危在旦夕，难道我们都情愿等死不成？灌儿虽然年幼，却有破敌妙法。"荀崧不以为然地说："那你就说说看，是何妙法？"荀灌说："叛军攻城太急，几天以来已经疲劳不堪。我已经观察到了，他们白天组织还算严密，到了夜间，防守便松弛了。我只要带领少数武艺高强的军士，乘其不备，深夜突围，又有何难？"

荀崧答应了她的请求，下令选拔精悍骁勇的军士，随荀灌突围。深夜，荀灌手执利剑和十几个武士骑马冲出城外。叛军都在睡大觉。等巡哨的发现时，荀灌已冲出包围。荀灌一行急驰而去，很快到了平南将军驻地。石览问明情况后，便说："你们先吃饭休息，等会儿再商量破敌之计。"荀灌不肯吃饭，生气地说："将军，您没听人说，救兵如救火吗？还是请迅速发兵，解救襄阳城吧。"石览说："叛军兵力雄厚，只靠我的军队恐怕一下子难以击垮他们，必须请求南中郎将周访同时出兵，合力破敌。"荀灌说："我这就写一封求援的书信。"她代替父亲写信件，请石将军派人速送周访。信上写着："万一襄阳失守，叛军必然气焰更加嚣张，倾巢而犯近邻，将军必将首当其冲，那时灭顶之灾在所难免。如将军肯发兵援救襄阳，平南将军石览愿同将军结为兄弟，共同举兵，合力击破杜曾叛军。"周访被信中的道理说服了，马上派儿子周抚带精兵三千，和石览的援军一起，飞驰襄阳。

荀崧见援兵已到，率城里守军冲杀出来。杜曾两面受攻，虽奋力抵抗，仍伤亡惨重。他见势不妙，仓皇撤兵而去。襄阳军民得救了。荀崧亲自到城外迎接平南将军石览和周抚，感谢他们的援救。石览将军拉着荀灌的手，对荀崧说："您有这样一个智勇双全的好女儿，真是令人羡慕。"周抚也说："襄阳解围，百姓得救，小荀灌应该是第一个有功之臣，可敬可敬！"

十一、千古第一才女——李清照

李清照（1084—约1156年），宋代（两宋之交）女词人，号易安居士，济南章丘（今属山东济南）人。她出身于书香门第。早期生活优裕。其父李格非藏书甚富，她小时候就在良好的家庭环境中打下文学基础。出嫁后，与丈夫赵明诚共同致力于金石书画的搜集整理，共同从事学术研究。志趣相投，生活美满。金兵入据中原后，流落南方，赵明诚病死，李清照境遇孤苦。一生经历了表面繁华、危机四伏的北宋末年和动乱不已、偏安江左的南宋初年。

李清照在文学领域里取得了多方面的成就。在同代人中，她的诗歌、散文和词学理论都能高标一帜、卓尔不凡。而她毕生用力最勤、成就最高、影响最大的则是词的创作。她的词流传千古，被誉为"词家一大宗"。她形成了自己独特的艺术风格——"易安体"。她不追求华丽的藻饰，而是提炼富有表现力的"寻常语度入音律"，用白描的手法来表现对周围事物的敏锐感触，刻画细腻、微妙的心理活动，表达丰富多样的感情体验，塑造鲜明、生动的艺术形象。她的词分前期和后期。前期多写其悠闲生活，多描写爱情生活、自然景物，韵调优美。如《一剪梅·红藕香残玉簟秋》等。后期多慨叹身世，怀乡忆旧，情调悲伤。如《声声慢·寻寻觅觅》。在她的词作中，真挚的感情和完美的形式水乳交融，浑然一体。她将“语尽而意不尽，意尽而情不尽”的婉约风格发展到了顶峰，赢得了婉约派词人“宗主”的地位，成为婉约派代表人物之一。同时，她词作中的笔力横放、铺叙浑成的豪放风格，又使她在宋代词坛上独树一帜，从而对辛弃疾、陆游以及后世词人有较大影响。

李清照有《易安居士文集》《易安词》等著作，但久已不传。现存诗文集为后人所辑，有《漱玉词》1卷，《漱玉集》5卷。代表作有《声声慢》《一剪梅》《如梦令》《醉花阴》《武陵春》《夏日绝句》等。

李清照对中国史学也作出了重要贡献，第一个是协助赵明诚纂修《金石录》并历尽艰辛将它保存下来。清道光《济南府志·列女传·李清照》载：“明诚作《金石录》，考据精确，多足证正史之失，清照实助成之。”第二个是为宋代保留下一部孤本的《哲宗皇帝实录》。《哲宗皇帝实录》是在徽宗大兴党狱之际，由蔡京主持编写，自然有褒贬颠倒、轻重失伦等诸多问题，但作为历史文献，它叙典章，述文献，次第先后，却大致能保存真相，对后世修史，有重要的参考价值。李清照于兵荒马乱、辗转流离中，所收藏文物丧失殆尽，而最终将《哲宗皇帝实录》与《金石录》一同保存下来。她充分了解在汴京沦陷，碧简飞灰之后，这部著作关系国史存亡，斯文绝续。

李清照作为中国古代文学史上少有的女作家，其作品中所体现的爱国思想，具有积极的社会意义。李清照的爱国思想，代表了中国古代广大妇女追求男女平等、关心国事、热爱祖国的一个侧面，让后人从中看到了中国古代女性情感世界的另一面。而且，她还在众多爱国作家中为女性争得了一席之地。不仅如此，李清照还开创了女作家爱国主义创作的先河，为后世留下了一个女性爱国的光辉典范，特别是对现代女性文学的创作产生了重大影响。她写有《夏日绝句》一诗："生当作人杰，死亦为鬼雄。至今思项羽，不肯过江东。"从现实的角度认识李清照的爱国思想，能感受到女性在国家统一、民族团结以及社会进步等方面的巨大作用。这对于在弘扬爱国主义，高举爱国大旗，促进民族团结、国家统一和振兴中华时充分发挥妇女的社会作用，具有十分重大的意义。

李清照杰出的艺术成就赢得了后世文人的高度赞扬。后人认为她的词"不徒俯视巾帼，直欲压倒须眉"，现代作家、文学史家郑振铎评价李清照是"宋代最伟大的一位女词人，也是中国文学史上最伟大的一位女词人"，有"千古第一才女"之美誉。现代诗人臧克家形容她："大河百代，众浪齐奔，淘尽万个英雄汉；词苑千载，群芳竞秀，盛开一枝女儿花。"

十二、布业始祖——黄道婆

黄道婆（黄婆或黄母，1245—1330年），松江府乌泥泾镇（今上海市徐汇区华泾镇）人，宋末元初著名的棉纺织家、技术改革家。在清代的时候，被尊为布业始祖。

大约在南宋理宗淳祐五年（1245年），黄道婆生于上海乌泥泾镇的一个穷苦人家。黄道婆出生前后，她的家乡便从闽广地区传来了棉花种植。乌泥泾首先在一个名叫“八千亩”的地方，播下了棉种。到了黄道婆记事的时候，棉花种植已经普及浙江、江苏、江西、湖南等地，不少妇女学会了棉花纺织技术。由于世道多难、家境贫寒，而且黄道婆很小就失去了全部骨肉亲人，孤苦无依，砍柴做饭、洗洗涮涮、拿针用线、补补连连，一切都是她自己奔波料理。黄道婆心灵手巧，好学好问，肯动脑筋，善于琢磨。大人干的活计，她看了便能迅速通路入门。本地有人经常穿着棉布衣裤锄草犁田，邻居会纺线的妇女，早就告诉黄道婆，那种棉线布厚实柔软、经久耐用，干活儿的人穿用极为合适。黄道婆听着总是十分注意，而后便抓紧向纺棉的成年人学习。起初，她不会干，弹棉絮，弹得不透不净；卷棉条，卷得松紧不匀；纺棉纱，纺得粗一段、细一段。可是她毫不气馁，坚持练习，争取学会操作。然而，在那个年月，成年劳动者尚且不得温饱，何况黄道婆一个孤苦幼女。生活逼得她不得不到有田地的人家做了童养媳。

做了童养媳的黄道婆每天被家里的活儿累得筋疲力尽，但还是硬挤时间继续练习纺织技术。没多久，她便熟练地掌握了全部操作工序：剥棉籽，敏捷利索；弹棉絮，蓬松干净；卷棉条，松紧适用；纺棉纱，又细又匀；织棉布，纹均边直。

棉花会纺了，布会织了，好学好想的黄道婆又发现了问题：棉花去籽时用手指一个一个地剥，实在太慢；而且弹棉絮的小弓，才一尺半长，还是线弦，须用手指来拨动，弓身小，没有劲，线弦容易断，手指拨弦费力气，以这样落后的技术纺纱织布，怎么能供上那些干活儿人穿衣服的需要呢？她心里经常想：能不能有什么新办法提高工效呢？

有一天，黄道婆看到了从闽广运来的棉布，色泽美观，质地紧密，后来又看到海南岛的黎族、云南高原上的彝族所生产的匹幅长阔而洁白细密的“慢吉贝”、狭幅粗疏而色暗的“粗吉贝”等，不由得对那些地区心驰神往，暗想：若是能学到那里的纺织技术该多好啊！

后来，黄道婆因不堪夫家虐待，辗转到了海南崖州。她刻苦学习黎族语言，研究黎族的纺棉工具，学习纺棉技术。黎族人民不仅在生活上热情照顾黄道婆，而且把自己的技术毫无保留地传授给她。聪明的黄道婆，把全部精力都倾注在棉纺织事业上，又得到这样无私的帮助，很快就熟悉了黎家全部织棉工具，学成了他们的先进技术，终于成为一个技艺精湛的棉纺织家。

三十多年后，黄道婆重返故乡，她把黎家的先进经验与上海的生产实践结合起来，努力发挥自己的才能智慧，积极发明创造。对棉纺织工具与技术，进行了全面的改革。制造了新的擀、弹、纺、织等工具，刷新了上海棉纺业的旧面貌。首先是改革了擀籽工序。她先打听家乡近些年是怎样去籽净棉的，妇女们告诉她，还是用手指一个一个地剥。黄道婆说：“从现在起，改用新的擀籽法吧。”便教大家一人持一根光滑的小铁棍，把籽棉放在硬而平的捶石上，用铁棍擀挤棉籽，试验成功。忽然，她想到了黎族脚踏车的原理，心里豁然一亮，马上和伙伴商量试用这一原理制造轧棉机，最后创制成功。

与此同时，黄道婆把沿用多年的小弓，弓身由一尺半长改为四尺多长，弓弦由线弦改为绳弦，将手指拨弦变为棒槌击弦。在纺纱工序上，黄道婆创造出三锭脚纺车，代替过去单锭手摇纺车。脚踏的劲头大，还腾出了双手握棉抽纱，同时能纺三根纱，速度快、产量多，这在当时世界上是最先进的纺车，实在是个了不起的技术革命。在织布工序上，黄道婆对织布机也有一定的改良。她借鉴我国传统的丝织技术，汲取黎族人民织“崖州被”的长处，与乡亲们共同学习研究错纱配色、综线挈花等棉织技术，织成的被、褥、带、帨（手巾）等，上面有折枝、团凤、棋局、字样等花纹，鲜艳如画，“乌泥泾被”驰名全国。

黄道婆回乡几年之后，松江、太仓和苏杭等地，都传用她的新法，以致有“松郡棉布，衣被天下”的盛称。制棉业逐渐兴旺起来，甚至乌泥泾附近一千多户靠棉织技术谋生的居民，生活水平都比过去显著提高了。黄道婆的一生刻苦学习研究、辛勤劳动实践，有力地影响和推动了我国棉纺织业的发展。她的业绩在我国纺织史上灿然发光。

黄道婆死后，大家举行了隆重的公葬，并且在乌泥泾镇替她修建祠堂，叫先棉祠。以后其他许多地方也先后为她修建祠堂（原上海县港口镇建有黄母祠），表达了广大劳动人民对这位棉纺织业先驱者的感激和怀念。为纪念这位杰出的劳动妇女，新中国成立后，江苏省文物管理委员会重修了黄道婆坟墓，种了树，建了墓园。北京的国家博物馆里还陈列着她的塑像和松江布，供后人瞻仰。黄道婆是我国古代劳动妇女勤奋、聪明、慈爱、无私的杰出典型，她的名字和功绩将永远留在广大人民的记忆中。为弘扬元代纺织革新家黄道婆的丰功伟绩和激励后来者，表彰这位女纺织技术革新家、科学家的科学功绩，寄托人民的长远哀思和深切怀念，2003年徐汇区文化局、华泾镇人民政府共同出资在墓地旁建造了黄道婆纪念馆，陈列展品300余件，展示了她一生所作的贡献。多少年来，人们感念黄道婆的歌谣，一直传颂不止：黄婆婆，黄婆婆，教我纱，教我布，两只筒子两匹布。这首歌谣表达的是人们对黄道婆为我国棉纺织技术作出卓越贡献的感激。

十三、南朝齐代女作家、最早的女“博士”[①]——韩兰英

韩兰英，南朝齐代女文学家，吴郡（今江苏苏州）人，生卒年月不详。她的传记附在《南齐书·武穆裴皇后传》中。她在宋孝武帝在位期间，写了一篇《中兴赋》献给孝武帝，因而获赏识并入宫。孝武帝驾崩后，南朝宋皇位历经前废帝、晋安王刘子勋之间的斗争与战乱后，宋明帝即位，时韩兰英仍在宫中供职。南朝宋在宋顺帝禅位权臣萧道成后灭亡，萧道成旋即登基，建立南朝齐。萧道成死后，嫡长子继位，是为齐武帝，此时韩兰英仍在宫中，被任命为博士，教导后宫学识，又因韩兰英年迈且见广多闻，因而被称为“韩公”。韩兰英工于文辞，又善谈笑。据《隋书·经籍志》著录，原有《后宫司仪韩兰英集》四卷，可惜已经失传。

由于史记载相当简略，韩兰英的其他事迹已难以查考。仅据梁元帝《金楼子·箴戒篇》记载，齐郁林王当初欲废明帝，其文则出自女博士韩兰英之手。又传当时有一颜氏女，由于丈夫嗜酒，父母把她强取回家，后来入宫就职。一个春夜，皇帝命后宫司仪韩兰英为颜氏作诗。韩兰英奉诏，即席赋诗一首：“丝竹犹

① 博士：官名，源于战国，秦汉设置。掌图书、通古今，以备询问。汉武帝罢黜百家后，专立五经博士，此职遂成为专门传授经学的学官。以后历代皆设经学博士，或沿五经博士旧称。此前博士一律授予男性，授予女性仅此一例。

在御，愁人独向隅。弃置将已矣，谁怜微薄躯？”诗中对那个不幸女子寄予无限同情，同时流露出愤愤不平的怨恨，多少也有顾影自怜的意味。皇帝大概是受了感动，于是打发颜氏女子回到父母身边去。上述这首诗，是我们所能见到的她的唯一作品。

南梁钟嵘[①]《诗品》说：“兰英绮密，甚有名篇。”

十四、中国古代杰出的政治家和军事家——冼夫人

冼太夫人（512—602年），又称冼夫人，名英，高凉郡（今广东茂名、阳江一带），出生于今茂名市电白区电城镇山兜村。中国古代杰出的政治家和军事家，被奉为“岭南圣母”。冼夫人幼贤明，多筹略，在父母家，抚循部众，能行军用师，压服诸越。一生身历三朝，顺应人民的要求和愿望，致力于维护国家统一和民族团结，她和她的子孙们相继为岭南地区持续百年的相对稳定，促进广东南部地区社会和经济发展，作出了杰出的贡献，是爱国主义典范。被陈朝、隋皇朝敕封为“石龙郡太夫人”“宋康郡夫人”“谯国夫人”，死后谥封为“诚敬夫人”。后来，明太祖和清朝同治帝分别追封其为“高凉郡太夫人”“慈佑太夫人”。她的生平载入《二十五史》的《隋书》《北史》和《资治通鉴》。

历史上对冼夫人评价极高。魏征等编修的《隋书》这样评价：“夫称妇人之德，皆以柔顺为先，斯乃举其中庸，未臻其极

① 钟嵘（约468—约518年）：中国南朝文学批评家，字仲伟，颍川长社（今河南长葛）人，曾任参军、记室一类的小官。梁武帝天监十二年（513年）以后，仿汉代“九品论人，七略裁士”的著作先例，写成诗歌评论专著《诗品》。

者也。至于明识远图，贞心峻节，志不可夺，唯义所在，考之图史，亦何世而无哉！兰陵主质迈寒松，南阳主心逾匪石、冼媪孝女之忠壮，崔、冯二母之诚恳，足使义勇惭其志烈，兰玉谢其贞芳。襄城、华阳之妃，裴伦、元楷之妇，时逢艰阻，事乖好合，甘心同穴，颠沛靡它，志励冰霜，言逾皎日，虽《诗》咏共姜之自誓，《传》述伯姬之守死，其将复何以加焉！”

周恩来总理曾称颂冼夫人为“中国巾帼英雄第一人”。江泽民评价说：“当年冼夫人力排阻力，坚持维护国家统一，增强民族团结，让岭南各族人民安居乐业，其功不可没，至今她仍为我辈及后人永远学习的楷模。”

十五、正史将相列传里唯一的巾帼英雄——秦良玉

秦良玉（1574—1648年），字贞素，四川忠州（今重庆忠县）人，丈夫马千乘，子马祥麟，明朝末年著名女将，被封为二品诰命夫人，正史将相列传里唯一的巾帼英雄。马千乘去世后，因其子年幼，秦良玉于是代领夫职。秦良玉率领兄弟秦邦屏、秦民屏先后参加抗击清军、平定奢崇明之乱、张献忠之乱等战役，战功显赫。

秦良玉进京勤王时，崇祯帝曾作诗四首表彰秦良玉，崇祯帝御制诗四首：

其一

学就西川八阵图，鸳鸯袖里握兵符。

由来巾帼甘心受，何必将军是丈夫。

其二

蜀锦征袍自剪成，桃花马上请长缨。
世间多少奇男子，谁肯沙场万里行！

其三

露宿风餐誓不辞，饮将鲜血代胭脂。
凯歌马上清平曲，不是昭君出塞时。

其四

凭将箕帚扫匈奴，一派欢声动地呼。
试看他年麟阁上，丹青先画美人图。

秦良玉去世以后，后世很多人都对她大加赞赏，评价极高。张廷玉说："马世龙等值边陲多事，奋其勇略，著绩戎行，或捐躯力战，身膏原野，可谓无忝爪牙之任矣。夫摧锋陷敌，宿将犹难，而秦良玉一土舍妇人，提兵裹粮，崎岖转斗，其急公赴义有足多者。彼仗钺临戎，缩朒观望者，视此能无愧乎！"钱海岳说："良玉以巾帼效命疆场，古所未有也，迹其忠忱武略，足愧须眉已。"康有为说："以敬姜之德、班昭之学、秦良玉之勇毅、辛宪英之清识、李易安之辞章、宋若宪之经术，列于须眉男子中，亦属凤毛麟角。"蔡东藩说："独如良玉者实难多得，特笔加褒，为女界吐气，即为男子示愧，有心人下笔，固自不苟也。"清代词人钱枚作《金缕曲》赞颂秦良玉，清末志士秋瑾也作诗歌颂秦良玉。此外，又有秦怀渊、董说、蒋士铨等大量文人也作诗歌颂秦良玉。到了近现代，作家冰心、郭沫若以及冯玉祥等也都用自己的方式纪念秦良玉。冯玉祥说：“纪念花木兰，要学秦良玉。”

本节小结

中国历史上有许多为人类社会发展作出过突出贡献的杰出女性，她们在社会发展中都发挥了独特作用。嫘祖是有史籍记载的中华民族的伟大母亲、华夏文明的奠基人，是我们先祖女性中的杰出代表。妇好是中国历史上第一位女政治家、女军事家。班昭是中国历史上第一位女史学家。蔡琰、左芬、谢道韫、苏蕙、李清照是历史上著名的女文学艺术家。卫夫人是著名的女书法家。荀灌是历史上著名的智勇双全的女英雄。黄道婆是布业始祖。韩兰英是历史上最早的女“博士”。冼夫人是中国古代杰出的政治家和军事家。秦良玉是正史将相列传里唯一的巾帼英雄。

第三节　中国古代女性的家国情怀及其现实意义

浓浓的家国情怀在中国古代一些优秀女性身上得到了很好的体现。中国历史上出现了许多具有强烈爱国主义精神和爱国主义情怀的女性，她们或者是巾帼不让须眉，驰骋疆场，杀敌立功，报效国家；或者是通过诗词歌赋等文学作品表达自己的爱国主义思想和爱国主义情怀；或者是在家庭中扮演着孝女、贤妻、良母的角色，在家庭生活中发挥了独特作用，主导形成了良好的家教、家风，使得家庭能够为国家培养出栋梁之材，在家庭日常生活中践行着“修身齐家治国”的家国情怀。中国古代女性身上所表现出的这些优良品质，是新时代妇女发展的宝贵财富。新时代的妇女在实现自身全面发展的基础上，还要带领家庭成员共同升华爱国爱家的家国情怀，发扬爱国奉献精神，以实际行动建功新时代。

一、女诗人的爱国主义情怀

在5000多年的发展中，中华民族形成了以爱国主义为核心的团结统一、爱好和平、勤劳勇敢、自强不息的伟大民族精神。

“诗言志”，在历史发展的不同时期，涌现出许多爱国主义诗人，他们通过自己的作品表达了强烈的爱国主义情怀，涵养和丰富了中华民族精神。巾帼不让须眉。其间出现了一些爱国主义女诗人，她们以自己的诗作表达了强烈的爱国主义情感。

1.许穆夫人的爱国情怀

许穆夫人，公元前690年出生在卫国都城朝歌定昌（今河南省淇县），是我国见于记载的第一位爱国女诗人。许穆夫人是卫宣公之子姬顽（昭伯）之女，卫国君主卫懿公的异母妹妹。许穆夫人在少女时代就深为祖国的安危而担忧，思索着如何为保家卫国作出自己的贡献。许、齐两诸侯国都派使者前来求婚。父母被许国重礼所打动，决定把她嫁给许国国君为妻。许穆夫人认为齐国强大，又是卫国的近邻，如能嫁到齐国，卫国遇到什么危难便能得到齐国的救助。但父母亲和君主固执己见，仍把她许配给了许国国君许穆公为妻。许穆夫人的称呼就是由此而来的。

公元前660年，北方狄族入侵卫国。卫懿公死于乱军之中，国民遭到大批杀戮，都城被洗劫一空。难民渡过黄河，逃到南岸的漕邑（今河南省滑县）。许穆夫人闻知祖国被灭的消息，异常悲痛，决然驰驱至漕，归唁卫侯，并要控于大邦，拯救卫危。半路上，被许国的大夫追上迫回后，夫人对此十分愤怒，痛斥了许国那些鼠目寸光的庸官俗吏。当齐桓公得到这一消息后，立即派公子无亏率兵救援卫国，使卫国避免了一场灾祸。此后，卫国又得到复兴。公元前659年，许穆夫人为了感谢齐国，更为了表达自己挽救祖国的决心，便写了《载驰》来记录这次事件，表达了一个女子热爱祖国、拯救祖国的坚定信念，抒发了夫人急切归国，以及终于冲破阻力回到祖国以后的心情，表达了她为拯救祖国不顾个人安危、勇往直前、矢志不渝的决心，饱含着强烈的爱国主义思想情感。这首诗和许穆夫人的其他两首诗《竹竿》《泉水》后来都收录进《诗经》里。

国风·鄘风·载驰

载驰载驱，归唁卫侯。
驱马悠悠，言至于漕。
大夫跋涉，我心则忧。
既不我嘉，不能旋反。
视尔不臧，我思不远。
既不我嘉，不能旋济。
视尔不臧，我思不閟。
陟彼阿丘，言采其蝱。
女子善怀，亦各有行。
许人尤之，众稚且狂。
我行其野，芃芃其麦。
控于大邦，谁因谁极？
大夫君子，无我有尤。
百尔所思，不如我之。

这首诗的大意是，驾起轻车快驰骋，回去吊唁悼卫侯。挥鞭赶马路遥远，到达漕邑时未久。许国大夫跋涉来，阻我行程令我愁。竟然不肯赞同我，哪能返身回许地。比起你们心不善，我怀宗国思难弃。竟然没有赞同我，无法渡河归故里。比起你们心不善，我恋宗国情不已。登高来到那山冈，采摘贝母治忧郁。女子心柔善怀恋，各有道理有头绪。许国众人责难我，实在狂妄又稚愚。我在田野缓缓行，垄上麦子密密遍。欲赴大国去陈诉，谁能依靠谁来援？许国大夫君子们，不要对我生尤怨。你们考虑上百次，不如我亲自跑一遍。

2.花蕊夫人的爱国情怀

花蕊夫人，后蜀主孟昶之妃。宋攻后蜀时，十四万军人几乎不战而降，花蕊夫人愤然心痛，赋作一首《述国亡诗》。

述国亡诗

君王城上竖降旗，
妾在深宫那得知。
十四万人齐解甲，
更无一个是男儿。

这首诗的大意是，后蜀国的君王城楼上竟然竖起了白旗，我被封锁在这冷冷清清的行宫里哪里知道这件事？守卫君王的十四万人一起脱下了金闪闪的铠甲，其实这些人中没有一个是守卫国家的男子！这首诗把亡国之恨刻画得入木三分。

二、孝女、贤妻、良母的内涵及人物故事

1.孝女

（1）孝的内涵

准确理解“孝”的内涵是准确理解“孝女”的内涵及其现代性价值的前提。近代以来，为了批判儒家文化，对儒家的一些思想和观点进行了断章取义式的解读，其中包括对“孝”的解读，例如，把《孟子》中“不孝有三，无后为大”中的“后”解读为“不生育子女”，并且把这种解读作为儒家歧视和压抑女性的证据。这句话是《孟子》原文中完整一句话的一部分，原话是“不孝有三，无后为大。舜不告而娶，为无后也，君子以为犹告也”。这样很清楚，《孟子》中的“后”是指“不履行后代角色，不守后代之责”的意思。误读的始作俑者是东汉的赵岐，赵岐在《十三经注》中把“无后”解释为“不娶无子”。

“孝”作为一个伦理观念是在西周时期正式提出的，西周时期的“孝”依然是一种宗教伦理。施“孝”（尽孝）的方式主要是祭祀，在宗庙通过奉献供品祭祀祖先，尽“孝”的对象是死去的人，这带有一定的宗教形式。孔子把“孝”人本化了，“孝”成为调整家庭内部亲子关系的伦理规范，是子女对待父母的正确态度和正确行为。儒家经典《论语》《孟子》《礼记》《孝经》等都讲到了“孝”。

仁是“孝”的基础，“孝”是仁的外在体现，“仁者爱人”，“己所不欲，勿施于人”。

礼是“孝”的外在表现形式，“孝”具有边界性，而不是无

边无界的，“孝”止于礼。《论语》中有这样的记载，孟懿子[①]问“孝”。子曰：“无违。”樊迟御，子告之曰：“孟孙问孝于我，我对曰‘无违’。”樊迟曰：“何谓也？”子曰：“生，事之以礼；死，葬之以礼，祭之以礼。”孟子对世俗所认为的不孝行为进行了辨析。《孟子》中有这样一段孟子与公都子[②]关于匡章[③]是否不孝的对话。公都子曰：“匡章，通国皆称不孝焉，夫子与之游，又从而礼貌之，敢问何也？”“世俗所谓不孝者五：惰其四支（通肢），不顾父母之养，一不孝也；博弈、好饮酒，不顾父母之养，二不孝也；好货财，私妻子，不顾父母之养，三不孝也；从耳目之欲，以为父母戮，四不孝也；好勇斗狠，以危父母，五不孝也。”“章子有一于是乎？夫章子，子父责善而不相遇也。责善，朋友之道也；父子责善，贼恩之大者。夫章子，岂不欲有夫妻子母之属哉？为得罪于父，不得近。出妻，屏子，终身不养焉。其设心以为不若是，是则罪之大者，是则章子已矣。”

“孝”不是无条件的，具有条件性，“慈”是“孝”的前

① 孟懿子（前518—前481年）：姬姓，鲁国孟孙氏第9代宗主，名何忌，世称仲孙何忌，谥号“懿”，是孟僖子的儿子。

② 公都子：战国时人，孟子弟子，曾以孟子好辩、匡章不孝、人性善不善等问题问于孟子。

③ 匡章：战国时齐国名将，又称田章、陈璋、章子、匡子。齐国人都认为匡章不是个孝子，孟子却不这么看。他很清楚匡章和父亲分开的真实原因。匡章太爱他的父亲，以至于不能容忍父亲的任何瑕疵，所以最终两人不再见面。匡章觉得自己使父亲失去了天伦之乐，如果自己再享受这种快乐是不道德的，所以就“出妻屏子，终身不养焉”。匡章的母亲叫启，她得罪了丈夫，被他杀死，埋于马栈之下。由于匡章和父亲分离，所以匡章虽然知道此事却也无从插手。秦国攻打齐国，齐威王命令匡章为将军率兵抗秦。战前，齐威王说如果齐军得胜，就要为匡章的母亲更葬。而匡章则说：“父亲并没有在生前对我交代过母亲的事情，我这么做不等于是欺骗死去的父亲吗？”

提和基础。《大学》曰："为人父，止于慈；为人子，止于孝。""孝"子女是"慈"父母教育培养出来的。"父父，子子"，"父不父"则"子不子"。孟子认为人与禽兽的区别在于人有德。如果父亲乱伦，性侵了女儿，女儿还要行"孝"吗？很显然，如果父亲性侵了女儿，则父亲由于失"德"已经不是父亲，而是"禽兽"了，子女行"孝"的对象是"亲"而不是"禽兽"，所以，"孝"不是无条件的，而是具有一定条件性的。

"孝"具有层次性，"孝"分为高低不同的境界。"身体发肤，受之父母，不敢毁伤，孝之始也。立身行道，扬名于后世，以显父母，孝之终也。夫孝始于亲，中于事君，终与立身。"（《孝经》）爱护自己的身体，有一个健康的体魄，是最基本的"孝"行。"孟武伯[①]问孝。子曰：父母唯其疾之忧。"（《论语·为政》）"孝"不只是局限于服侍好父母，也不是对父母无原则的顺从，"子曰：事父母几谏"（《论语·里仁》），对于父母的过错也要规劝，矫正父母的过失不是忤逆而是大孝，"干父之蛊。有子考，无咎。厉终吉"（《周易·蛊卦·初六》）。通过"立身"而"行道"，是"孝"的最高境界。

西汉时，董仲舒提出"罢黜百家，独尊儒术"，此后历代王朝开始奉行以孝治天下，汉代曾推行举孝廉，就是在科举制时代，"孝"也成为入仕为官的条件。由于家国同构，"孝"被政治化、工具化了，随之出现了"孝"的泛化与庸俗化的现象。"孝"的边界模糊，有条件的"孝"成为无条件的"孝"，多层次的"孝"成为单一层次的"孝"，双向互动的"孝"成为

---

① 孟武伯：姬姓，鲁国孟孙氏第10代宗主，名彘，世称仲孙彘，谥号"武"，是孟懿子的儿子。

绝对服从的“孝”。在孝道泛化与庸俗化的同时，“慈”道被忽视，“慈”道失落。现代社会最主要的不仅是“孝”道的衰落，而且是“慈”道的失落。无“慈”便无“孝”。建设和谐家庭，首先要培养出“慈”父母，由“慈”父母培养出“孝”子女。所以，要吸收传统的“慈”道文化的精华，构建新时代新型“慈孝文化”。

（2）孝女人物故事——齐伤槐女

齐伤槐女，是一个伤害槐树、名字叫衍的人的女儿，她的名字叫婧。

根据《列女传·辩通传·齐伤槐女》记载，春秋时期，齐国的景公有一棵特别喜爱的槐树，为了保护这棵槐树不受侵害，齐景公特意派人来看守它，并让人在树下立了一块牌子，上面写道：“犯槐者刑，伤槐者死。”

衍公是被派去看守保护槐树的官吏，一次，衍公喝醉了酒，伤到了槐树。齐景公听说后说道：“这是最早触犯我命令的人。”他立刻派人将衍公拘捕，准备加罪判刑。消息传到了衍公的家中，一家人悲痛哭泣。衍公的一个女儿名叫婧，心中虽也忧虑万分，却静静思索着如何解救父亲。她细细思索一番，便立刻动身，独自前往相国府去拜见宰相晏子，到了晏子的门前说：“我痴心妄想，有话想到府上说。”晏子听了笑着说：“她大概是有话要说吧，让她进来。”便让家臣请婧女进来。婧女内心担忧着父亲的生命，一脸的忧愁。晏子远远地看到她，暗自思忖：“真奇怪，看她的神情，似乎有很深的忧虑。”便问道：“你有什么忧虑吗？”

婧女跪了下来，恳切地对晏子说道：“我的父亲衍，有幸住在都城内，成为君王的臣民。他见阴阳不调，风雨不依时，五谷不生长，就到名山大川处祈祷，没想到不胜酒力，第一个触犯了君王的法令，醉成这个样子，又犯了这样的罪，按律应当处死。我听说贤明的君主治理国家，不会减少俸禄而增加刑罚，不会以私害公，不会因为六畜而伤害百姓，不会因为野草而伤害禾苗。从前宋景公在位的时候，天大旱，三年没有下雨，景公招来太卜占卜，卦象上说：'应当用人来祭祀。'景公就走下殿堂向北稽首道：'我之所以来求雨，就是为了百姓。如果今天一定要用人来祭祀的话，就用我吧。'话还没有说完，天降大雨，滋润方圆千里。之所以这样，是因为景公能顺应天命，慈爱百姓。现今我们的君王为槐树颁布法令，触碰槐树的人就要处死，为了这棵槐树，还准备杀我的父亲，使我成为孤儿。我担心这样会损害圣明君王的德义。邻国听说这件事，都会说我们的君王爱护树木，轻视人民。"晏子猛然醒悟过来。

第二天上朝，晏子对景公说道："我听说，穷尽人民的财力称之为暴；崇尚玩好之物，发布严刑峻法称之为逆；刑罚杀戮有偏差称之为贼。这三样是治理国家的大忌。如今君王穷民财力，置办精美的食具，增置钟鼓乐曲，建造华丽的宫室楼台，这是暴行啊。崇尚好玩之物，颁布严刑峻法，明显地违背民意，触碰了槐树就要加以刑罚，伤害到槐树就要去死，是枉杀人命，对百姓的残害太大了。"

景公立刻醒悟了，说道："不是你提醒我，我就犯下罪过了，累及社稷宗庙还不自知啊！寡人接受你的建议就是了。"晏子退出朝廷后，景公马上命令取消守护槐树的劳役，拔掉悬挂法令的木桩，废除了伤槐的法令，释放了衍公。

伤槐女能够用言辞使父亲免罪，她的聪明、贤德与孝行被广为流传。

（3）孝女人物故事——赵津女娟

赵津女娟，是赵国河津渡口官吏的女儿，名字叫娟，赵简子的夫人。

根据《列女传·辩通传·赵津女娟》记载，当初赵简子南下攻打楚国，与津吏约定了时间。当赵简子到达渡口的时候，津吏却喝醉了酒，不能开船送他们过河，赵简子想杀了他。

娟很害怕，拿了船桨就跑。赵简子问道："你为什么要跑？"娟回答道："我是津吏的女儿，我的父亲听说主君想要渡过这深不可测之水，担心有风波，惊动水神，所以就向九江三淮的神灵祷告，供奉礼品，求得福佑，喝了巫祝的剩酒，以致醉成这样。主君想要杀了我父亲的话，我愿意代替父亲去死。"赵简子说道："这不是你的过错。"娟说："主君因我父亲犯罪才杀他，我担心他不知道自己犯了什么罪。如果不让他知道有罪就杀他，就等于是在杀无辜的人。希望主君在他醒了以后再杀他，使他知道自己有罪。"于是，赵简子不杀津吏了。

赵简子要渡河时，船上少了一个摇桨的人，娟卷起袖子，拿起船桨请命道："我愿意帮大家一起划桨。"赵简子道："临行前，我挑选了士大夫斋戒沐浴，是不能和妇女同舟过河的。"娟回答道："我听说从前商汤伐夏时，驾车的左边是雌黑马，右边是雌野麋，最后驱逐了夏桀。武王伐殷商时，左边是雌青黑马，右边是雌黄白马，最后战胜了商纣王。主君不过是想要过河而已，跟我同舟，又有什么妨害呢？"赵简子听了很高兴，就跟娟一起过了河。

船行驶到河中间，娟给简子唱起了《河激》歌，歌词是：“登上船啊对着水流，水波荡漾啊昏暗不明。祈祷求福啊喝醉不醒，父亲有杀头之罪啊我心惊。处罚已免啊河流也清，我拿来船桨啊与绳索。蛟龙协助啊主君将大胜而归，招呼行船啊不要迟疑。”赵简子听了非常高兴。他准备派人祝祷祈福，立娟为夫人。娟辞谢道：“按照礼仪，没有媒人就不能出嫁。我父母都在家中，我不能听从您的命令。”于是辞别简子离开了。简子回来后，向娟的父母行了聘礼，将娟娶作夫人。

后来，娟的贤德和孝行被广为流传。

（4）孝女人物故事——淳于缇萦

淳于缇萦是西汉时著名医学家淳于意之女。淳于意是临淄人，因任太仓长（粮仓主管），故多称他为仓公或太仓公。淳于意年轻时爱好医术，拜名医公乘阳庆为师，学习医术。淳于意得到公乘阳庆的真传，医术非常精湛。

淳于意虽然医术精湛，但他喜好周游各地，有时不能给病人治病，因此病人多有怨恨他的。汉文帝十三年（公元前167年），有人到朝廷控告淳于意，朝廷根据刑律、罪状，判定对淳于意施以肉刑（当时的肉刑有脸上刺字，割去鼻子，砍去左足或右足等）。按西汉初年的律令，凡做过官的人受肉刑必须到京城长安执行。因此，淳于意被用传车押送到长安受刑。

根据《列女传·辩通传·齐太仓女》记载，淳于意有五个女儿，淳于缇萦是其小女儿，她们跟在车后哭泣。淳于意见状骂道：“没有男孩子，到紧要关头就没有可用的人！”缇萦听到这话很伤心，就随父西行长安。上书朝廷说：“我父亲是朝廷的官吏，齐国人民称赞他廉洁奉公，现被判刑。我痛心的是人死不能复生，受刑致残也不能复原，即使想改过自新也不能如愿。我情愿自己在官府做奴婢来替父赎罪，使父亲有改过自新的机会。”

当朝皇帝是开创了历史上少有的盛世“文景之治”的汉文帝刘恒，他见到上书后，感其孝诚，免除了仓公的刑罚，同时颁发诏书废除由来已久的残酷的肉刑。诏书是这样写的：“诗曰：‘恺悌君子，民之父母。’今人有过，教未施，而刑已加焉。或欲改过为善，而其道无繇至。朕甚怜之！夫刑者至断支体，刻肌肤，终身不息，何其楚痛而不德也！岂称为民父母之意哉？其除肉刑，有以易之！”不久，丞相张苍等人根据这个诏书废除了肉刑制度，颁布了新刑法。正是小小女子缇萦的至孝之心而上书救父的美举，促使了肉刑的废除。

缇萦上书救父的孝行，万古流芳，成为后世孝道的典型。为此，班固有诗《咏史》赞缇萦：“三王德弥薄，惟后用肉刑。太仓令有罪，就递长安城。自恨身无子，困急独茕茕。小女痛父言，死者不可生。上书诣阙下，思古歌《鸡鸣》。忧心摧折裂，晨风扬激声。圣汉孝文帝，恻然感至情。百男何愦愦，不如一缇萦。”

宋代林同[①]在《妇女之孝二十首·缇萦》中写道：“仁矣文皇诏，悲哉少女书。至今民受赐，非但活淳于。”

（5）孝女人物故事——孝女杨香

杨香，是晋代山东人杨丰的女儿。关于杨香“扼虎救父”的事迹，史料有记载。《二十四孝》中记载：“晋杨香，年十四岁，尝随父丰往田获杰粟。父为虎拽去。时香手无寸铁，惟知有父而不知有身，踊跃向前，扼持虎颈，虎亦靡然而逝，父才得免

① 林同（？—1276年）：字子真，号空斋处士，福清（今属福建）人。以荫授官，弃不仕。1276年，元兵破福清，被执，不屈死。

于害。”

杨香十四岁这年，曾随同父亲杨丰去田里割稻，忽然蹿出一只大老虎，扑向杨丰，一口将他叼住。杨香急坏了，一心只想着父亲安危的她，完全忘了自己与老虎的力量悬殊。杨香猛地跳上前去，用力卡住老虎的头颈。任凭老虎怎么挣扎，她一双小手始终像一把钳子，紧紧卡住老虎的咽喉不放。老虎终因喉咙被卡，无法呼吸，瘫倒在地上，他们父女才得以幸免于难。一个小女孩，徒手搏虎，并从虎口中救出了自己的父亲，其孝心和勇气真令人赞叹。

2.贤妻

(1) 贤妻的内涵

“妻，从女从又从中。又，持事；中者，进也；齐之义也。妇与夫齐者也。”（《说文》）旧指男子的嫡配，今指男子的配偶。“聘则为妻，奔则为妾。”（《礼记·内则》）“妻也者，亲之主也。”（《礼记·哀公问》）“妻者，夫之合也。”（《春秋繁露》）“贤”是指有德行、有才能的人。贤惠指妇女心地善良，通情达理，对人和蔼。贤妻就是贤惠的妻子，是指心地善良，通情达理，和顺家庭的妻子，能在弘扬中华民族传统家庭美德和树立良好家风中发挥独特作用。是不是对丈夫唯命是从，不违丈夫之令的就是贤妻？答案是否定的。“夫义妇听”，反之，夫不义则妇不听，如果丈夫有过失，妻子一定要据理力争。这种谏诤，是与人为善的，用心是好的。与此相反，一味百依百顺，对于家庭而言则是有害的。因此，“夫非道，则谏之。从夫之令，又焉得为贤乎？”郑氏在《女孝经》中明确提出了“诤”

妻的观点，并列举了很多事例，说明了“诤”的重要性。

“昔者周宣王晚期，姜后脱簪珥，待罪于永巷，宣王为之夙兴。汉成帝命班婕妤同辇，婕妤辞曰：‘妾闻三代明王，皆有贤臣在侧，不闻与嬖女同乘。’成帝为之改容。楚庄王耽于游畋，樊女乃不食野味，庄王感焉，为之罢猎……大夫有诤臣，虽无道，不失其家。士有诤友，则不离于令名。父有诤子，则不陷于不义。夫有诤妻，则不入于非道。是以卫女矫，齐桓公不听淫乐。齐姜遣，晋文公而成霸业。故夫非道，则谏之。从夫之令，又焉得贤乎？”（《列女传·贤明传》）

作为一个贤惠的妻子，要爱屋及乌，爱自己的丈夫，也要爱丈夫的亲戚和家人。但是作为公婆和丈夫的家人、亲戚也要爱护尊敬妻子。一个贤惠的妻子是一个家风和顺的家庭培养出来的，一个贤惠的妻子也会促进家庭的和睦，“婆慈媳贤”。中国古代出现了很多贤惠的妻子。

（2）贤妻人物故事——乐羊子妻

根据《后汉书》记载，河南乐羊子的妻子，已经不知道原来是姓什么的人家的女儿。有一天，羊子在路上捡到一块别人丢失的金子，拿回家把金子给了妻子。妻子说：“我听说有志气的人不喝‘盗泉’的水，廉洁方正的人不接受‘嗟来之食’，何况是捡拾别人的失物、谋求私利来玷污自己的品德呢！”羊子听后十分惭愧，就把金子丢弃到野外，然后外出拜师求学去了。

一年后，羊子回到家中，妻子问他回来的缘故。羊子说：“出行在外久了，心中想念家人，没有别的特殊的事情。”妻子听后，就拿起刀快步走到织机前说道：“这些丝织品都是从蚕茧中生出，又在织机上织成。一根丝一根丝地积累起来，才达到一寸长，一寸一寸地积累，才能成丈成匹。现在如果割断这些正在织着的丝织品，那就无法成功（织出布匹），迟延荒废时光。你积累学问，就应当‘每天都学到自己不懂的东西’，以此成就自己的美德；如果中途就回来了，那同切断这丝织品又有什么不同呢？”羊子被他妻子的话感动了，重新回去修完了自己的学业，并且七年没有回来。

这期间，有一次邻家所养的鸡误闯入乐羊子的园中，婆婆偷偷抓来杀了做菜吃。到吃饭时，乐羊子妻却对着那盘鸡流泪，不吃饭。婆婆感到奇怪，问她原因，乐羊子妻说：“我是难过家里太穷，饭桌上吃的竟然是别人家的鸡。”婆婆听了大感惭愧，就把鸡丢弃不食。

后来有盗贼想侵犯乐羊子妻，就先劫持其婆婆，乐羊子妻听到后，拿着刀跑出来，盗贼说：“你放下刀依从我，就保全你们的性命，如果不从我，我就杀了你婆婆。”乐羊子妻仰天叹息，举起刀就刎颈自杀了。盗贼也没有杀她婆婆就逃跑了。太守知道了这件事后，抓捕了那盗贼，还赐给乐羊子妻丝绸布帛，为她举行丧礼，赐予“贞义”的称号。

宋代的蒲寿宬[①]在《咏史八首·乐羊子妻》中写道：“拾遗戒不受，见金等沙泥。对姑不能食，又愧他舍鸡。其视取枣人，冰炭恐不齐。”

（3）贤妻人物故事——齐相御妻

根据《列女传》记载，战国初，齐国宰相晏子的马车夫之妻得到了朝廷颁赐的“命妇”封号。一天，晏子要出门，她在门缝

① 蒲寿宬：宋末阿拉伯人，著有《心泉学诗稿》。

里偷看她的丈夫给晏子赶马，车上拥有华丽的大盖，赶着四匹大马，一副十分自得的样子。丈夫回家后，她就说：“你真卑贱呀！”丈夫问：“为什么？”妻子说：“晏子身高不满六尺，当了齐国宰相，声名在诸侯间传扬。今天，我在门内看到他谦恭谨慎的样子，思虑深远。而看你，身长八尺，只是马车夫罢了，但是你意气扬扬像自己已经知足的样子，我因此要离开你了。”她的丈夫道歉说：“请让我自己改正，你看怎么样？”妻子回答说：“这样就具有了晏子的智慧，且加上有八尺之躯。如果说，你能努力行仁义之道，给英明的君主做事，你必定能扬名。并且我听说一个人要做到能以具有仁义的品德为荣，且宁肯为此而受贫贱，决不因富贵而徒有虚名，并在别人面前显出骄傲。”于是她的丈夫就深深自责，学习为人之道，人也谦逊了，常常说自己做得不够。

晏子看到车夫好像变了个人似的，很奇怪，问他原因，他把实情都说了出来。于是晏子认为他能接受规劝，改正缺点，是贤德的人，就把他推荐给齐景公，使他当上了大夫，并表彰他的妻子为“命妇”。

有道德修养的人认为，命妇知道向善，贤人所以成名，他们的思考方法是周全的，不仅是师傅、朋友相互切磋的缘故，妻子的帮助也有很大的关系，《诗经》上说：“高山仰止，景行行止。”（仰慕有高尚品德的人，努力实践高尚的行为）这是说应当经常朝着善行的方向走。有诗称赞说：齐相御妻，匡（正）夫以道。明言骄恭，恂恂（谦恭谨慎）自效。夫改易行，学问靡已（没有止境）。晏子升之（使他地位上升），列于君子（有了好的德行，当上了大夫）。

（4）贤妻人物故事——陶荅子妻

根据《古列女传》记载，陶荅子妻，是陶大夫荅子的妻子。荅子治理陶邑三年，名声并不好，但家财却翻了三倍。他妻子多次劝告，不听。又过了五年，荅子退休回家，有上百辆装满财物的车子随后。宗族的人们杀牛庆贺，他妻子却抱着孩子在一边哭泣。婆婆生气地说："这多不吉利！"荅子妻说："能力差的人，却做了大官，终究会招致祸害；没有功劳而家中暴富，无疑是积下灾殃！从前，楚国一个叫子文的令尹，为官使国家得到安治，这就是自家贫穷而国家富有，国王敬他、百姓爱他。因此，幸福延及子孙，大名留在后人的心中。现在，荅子不是这样，贪求大富，不顾后害。我听说过南山有黑豹，在雾雨中七天不下山觅食，为什么呢？是因为它爱惜自己斑斓的皮毛，所以藏身，远离雨害。只有猪狗不择食，不怕暴食长膘，结果只会是坐着等死！今荅子治理陶邑，家富国贫，上级不喜欢，百姓不爱戴，败亡的征候已经显现了。我选择离开，希望我和年幼的小儿子能够脱离灾祸。"婆婆愤怒，觉得不可理喻，不再理她。

才过了一年，荅子和他的家果然因贪赃遭到惩处，只有他母亲年事已高，才免予刑罚。荅子妻与小儿子被允许回家，奉养婆婆，有了善终。

有见识的人说荅子妻能以义换利，离开丈夫虽违背封建礼法，但能保全自身，可以有机会赡养婆婆，可谓有远见了。《诗经》说："百尔所思，不如我所之。"意思是："你们所想的许许多多办法，总不如我得以自尽其心为好。"正可以解释这件事。

陶荅子妻堪称"贤内助"，她坚持当官要为百姓谋福利，顺之者昌，逆之者亡的信念；并且很有眼力，从丈夫的表面风光看到了即将发生的危机，苦苦规劝无用，只能洁身自好。

（5）贤妻人物故事——齐钟离春

根据《列女传》记载，钟离春，齐国无盐邑的女子，齐宣王的王后。她人长得极其丑陋，头部凹陷，窝抠眼，身材粗壮，大骨节，翻鼻孔，喉结突出，粗脖子，头发稀少，前鸡胸后罗锅，皮肤黝黑。年纪已经四十岁了，还没有找到对象。

于是钟离春穿着平民的短褐衣，去拜见齐宣王，她对国王的接待人员说："我是齐国嫁不出去的闺女。听说了大王的盛德，愿意到后宫给大王打扫卫生。希望大王能够批准。"接待人员把这件事报告给齐宣王。宣王这时正在渐台上开酒会，左右的人听见这件事都掩口大笑，说："天下竟然还有脸皮这么厚的女的！"齐宣王召见了钟离春，对她说："当初先王为寡人我娶过老婆，现在后宫人员很充足。你在乡里的老百姓那儿都嫁不出去，却想要到我宫里来，你有什么特殊的本领吗？"钟离春回答道："没有。我就是特别崇拜大王的好品德。"宣王说："你到底有什么本事？"过了半天，钟离春说："我擅长隐身。"宣王说："隐身，我喜欢，你来演示一下我看看吧。"话音未落，钟离春忽然消失不见了。齐宣王大惊，想尽办法找她，但还是找不到她。

第二天，宣王再次召见钟离春问她隐身的事。钟离春不回答这件事，却咬牙瞪眼，双手扶膝说道："你死定了！你死定了！"反复说了四次。齐宣王说："你什么意思？"钟离春说："现在秦楚环伺齐国，虎视眈眈，而齐国内政不修，忠奸不辨，太子不立，众子不教，齐王你专务嬉戏，声色犬马，这是第一件可忧虑的事情；兴筑渐台，高耸入云，饰以彩缎丝绢，缀以黄金珠玉，玩物丧志，利令智昏，这是第二件可忧虑的事情；贤良逃匿山林，谄谀环伺左右，谏者不得通入，说论难得听闻，这是第三件可忧虑的事情；花天酒地，夜以继日，女乐俳优，充斥宫掖，外不修诸侯之礼，内不秉国家之治，这是第四件可忧虑的事情。危机四伏，已是危险之至！”齐宣王叹道：“你说得太对了！”

于是齐宣王拆了渐台，罢了女乐，赶走拍马屁的人，省去豪华的装修，挑选兵马，充实国库，允许人们直言进谏。挑选吉日立太子进慈母，拜钟离春为王后。从此齐国安定团结，形势大好，这都是这个丑女的功劳啊。钟离春被评价为正直并且有说服力。

元代杨维桢①写了一首《钟离春·钟离春》：“钟离春，白头深目凹鼻唇，皮肤若烟面如尘。手有五色之彩线，为君补衮成天文。渐台之君荒且忮，明朝夷台作平地。太子择日正储位，钟离在宫齐国治。”

3.良母

（1）良母的内涵

良母、慈母等尽管名称有所差异，其实都是指好母亲。先秦时期的典籍中对母亲的责任和要求都有明确的记载。刘向在《列女传》中，将远古到春秋战国的女性，分作《母仪传》《贤明传》《仁智传》《贞顺传》《节义传》等专章热情讴歌了广大女性，其中《母仪传》直接描述广大母亲：“惟若母仪，圣贤有

① 杨维桢（1296—1370年）：元末明初著名文学家、书画家。字廉夫，号铁崖、铁笛道人，又号铁心道人、铁冠道人、铁龙道人、梅花道人等，晚年自号老铁、抱遗老人、东维子，会稽（今浙江诸暨）枫桥全堂人。与陆居仁、钱惟善合称为“元末三高士”。

智。行为仪表，言则中义。胎养子孙，以渐教化。既成以德，致其功业。姑母察此，不可不法。”

宋代司马光在《家范》中辟有《父母》部分，收集了大量父母的楷模，介绍他们的事迹，以供仿效。关于母亲，司马光认为：为人母者，不患不慈，患于知爱而不知教也。古人有言曰：“慈母败子。”爱而不教，使沦于不肖，陷于大恶。入于刑辟，归于乱亡，非他人败之也，母败之也。自古及今，若是者多矣，不可悉数。司马光列举了大量慈母施教的事例，让人们通过这些典型事例接受教育，明白了道理。例如，赵武孟母教子读书的故事说，唐侍御史赵武孟“少好田猎。尝获肥鲜以遗母。母泣曰：‘汝不读书，而田猎如是，吾无望也！’竟不食其膳。武孟感激勤学，遂博通经史，举进士，至美官。”又如，“吴司空孟仁尝为监鱼池官，自结网捕鱼作鲊寄母。母还之曰：‘汝为鱼官，以鲊寄母，非避嫌也！’”她们是有慈有教母亲的典范。

南宋的袁采在《袁氏世范·睦亲》中指出，教子是为人母者的重要职责。有人说，母亲如能自己亲自教子固然好，但不能教子，或忙碌于家务无暇教子，可以假托于宗族、贤人。袁采认为此言不妥。如此一言，会成为母亲不重教子、不注意提高自己文化知识、不钻研教子之方的托词。明代吕坤在《闺范》中将“母道”分为“礼母”“正母”“仁母”“公母”“廉母”“严母”“智母”“慈继母”“慈乳母”等类型。在他看来，母道“不取其慈，而取其教，溺爱姑息，教所难也。继母不责其教，而责其慈，忌嫌憎恶，慈所难也。”他将“母道”析而为九：首为“礼母”。“礼母”者，乃“教子以礼，正家以礼者也”。次为“正母”。“正母”者，“望子以正者也，无儿女子之情，惟道义是责”。三为“仁母”，即“以慈祥教子者也”。四为“公母”，即“责子不责人者也”。五为“廉母”，“以贪戒子者也”。六为“严母”，即“威克厥爱者也，有父道焉”。七为“智母”，乃“达于利害之故者也”。八为“慈继母”，乃“恩及前子者也”。九为“慈乳母”，乃“乳母所保他人子者也”。这些都是通达事理之母，是天下母亲学习的榜样。

（2）良母人物故事——楚子发母

根据《列女传》记载，楚子发母就是楚国将军子发的母亲。子发攻打秦国的时候，军粮吃光了，子发派人向楚王求救，并叫使者顺便回家探望一下母亲。子发母亲问使者：“士兵们可安好？”使者回答道：“士兵们能分吃豆粒充饥。”母亲又问：“那么将军可安好？”使者回答道：“将军每天早晚都吃好饭好肉。”子发打败秦国归来，回到家的时候，他的母亲关上大门不让他进去，并且叫人责备他说：“你没听说越王勾践讨伐吴国的事吗？有人献上一坛美酒，越王勾践派人倒在江的上游，让士兵到下游同饮江水，其实江水中并没有多少酒的美味，但士兵作战的勇气因此而增加了五倍。又有一天，有人送来一袋干粮，越王勾践又下令赐给军士们分了吃，其实只有一点点食物，但士兵作战的勇气因此而增加了十倍。现在，你身为将军，士兵们分吃豆粒充饥，唯独你早晚吃着好饭好肉，这是为什么？《诗经》上不是说了吗？我快乐而不荒废正事，贤人都高兴，说的是做事不能失了分寸。你指挥士兵进入生死相争的战场，而自己却高高在上地享乐，即使能够取胜，也不能说是用兵的正道。你不是我的儿子，不要进我的门！”子发只得向他母亲谢罪认错，这才进了家门。

（3）良母人物故事——邹孟轲母

根据《列女传》记载，邹邑人孟轲的母亲，人称孟母。当初，她的家靠近一片墓地。因此，孟子小时候，游戏玩耍的都是下葬哭丧一类的事，特爱学造墓埋坟。孟母见了说道：“这里不该是我带着孩子住的地方啊！”于是领着孟子离开了这里，迁住在了一处集市的近旁。孟子又学起了奸猾商人夸口买卖那一类的事。孟母又说：“这里也不是我应该带着孩子住的地方啊！”就再次把家迁到了一所公学学校的旁边。这时小孟子所学的，才是祭祀礼仪、作揖逊让、进退法度这类仪礼方面的学问了。孟母说道：“这里才真正是可以让我带着儿子居住的地方啊！”于是，长久把家安在了这里。等孟子长大成人，便很顺利地学精了《易》《书》《诗》《礼》《乐》《春秋》“六经”的学问，最终成就了儒家大师的大名。后来的君子贤人都说孟母很善于利用环境渐染教化孩子。《诗经》上说：“那美丽的女子啊，我拿什么来赠送给你呢！”说的就是这件事。孟子小的时候，有一次放学回家，他的母亲正在织布，见他回来，母亲便问道：“学习怎么样了？”孟子漫不经心地回答道：“跟过去一样。”孟母见他无所谓的样子，十分恼火，就用剪刀把织好的布剪断。孟子见状害怕极了，就问他母亲：“为什么要发这样大的火？”孟母说：“你荒废学业，如同我剪断这布一样。有德行的人学习是为了树立名声，才能增长知识。所以，平时能平安无事，做起事来就可以避开祸害。如果现在荒废了学业，就不免于做下贱的劳役，而且难于避免祸患。这和依靠织布而生存有什么不一样的呢？假如中途废弃而不做，哪能使她的丈夫和儿子有衣服穿并且长期不缺乏粮食呢？女子若失去她赖以生存的技艺，男子若对修养德行懈怠，那么不是去做小偷，就是被俘虏、被奴役。”孟子听后吓了一跳，自此，从早到晚勤学不止，拜子思为师，终于成了天下有名的大儒。有德行的人认为孟母懂得做母亲的法则。诗经上说“那美丽的女子啊，我拿什么来向你禀告呢！”说的就是这件事。

孟子娶妻以后，有一次进入内室，发现他的妻子裸着身体在屋里。孟子不高兴，于是离开不再进去。他的妻子向孟子的母亲告别要求离去，说：“我听说夫妇之间的规矩，在洞房里可以不遵守。现在我在卧室偷懒，而丈夫见到我勃然大怒，是把我当成客人了。做女人的规矩，有不住在别人家里。请让我回到父母家中。”孟母于是叫来孟子对他说：“按照礼节，将要进入大门，要问一下谁在里边，这是表示尊敬；将要进入厅堂，声音一定要响亮，这是表示通知了人家；将要进入屋子，眼睛一定要向下看，表示担心撞上人有尴尬的时候。如今你不遵守礼节却责怪别人没有礼节，不是和圣人差得太远了吗？”于是孟子道歉，挽留他的妻子。君子说：“孟母懂得礼节而且清楚如何处理婆媳之间的关系。”

（4）良母人物故事——陶侃之母

湛氏是晋代著名大将军陶侃的母亲。她与孟母、欧母、岳母齐名，是著名的“四大贤母”之一。三国时代（243年）出生于新干南市村（今金川镇），病逝于东晋元帝大兴元年（318年），葬于今江西鄱阳县城东，现有陶母墓。陶侃因年幼丧父，家贫无所依托，湛氏只好携陶侃由鄱阳回外祖父家。陶母即以纺织谋生养子，供陶侃读书。湛氏家教严谨，教子惜阴读书，树建功立业之志，还以忠顺勤俭为美德熏陶其子。为此，小陶侃总以清贫为乐，发愤进取，自幼伴母夜织而读书，闻鸡鸣而劳作。因此，陶侃读书万卷，精通兵法，被其父好友太守范逵荐为县令，直至任长吏、太尉、都督大将军，封长沙郡公，为国为民，清正廉洁。

陶公少时，作鱼梁吏，尝以坩（鱼差）饷母。母封（鱼差）付使，反书责侃曰："汝为吏，以官物见饷，非唯不益，乃增吾忧也。"

陶侃是中国历史上有名的清官，他为官清正，与深明大义的母亲的训诲是有着密切关系的。清正贤明的官吏背后一定有一个深明大义的母亲。陶侃母亲退掉儿子带来的贵重礼物的故事，再一次证明了这一点。

（5）良母人物故事——欧阳修之母

欧阳修出身于封建仕宦家庭，他的父亲欧阳观是一个小吏。在欧阳修出生后的第四年，父亲就离开了人世。为了生计，母亲带着刚四岁的欧阳修从庐陵（今江西永丰）来到随州（今湖北随县）欧阳修的叔父家。郑氏出身于一个贫苦的家庭，只读过几天书，却是一位有毅力、有见识，又肯吃苦的妇女。她勇敢地挑起了持家和教养子女的重担。

欧阳修很小的时候，郑氏不断给他讲如何做人的故事，每次讲完故事都把故事做一个总结，让欧阳修明白做人的很多道理。她教导孩子最多的就是，做人不可随声附和，不要随波逐流。欧阳修稍大些，郑氏想方设法教他认字写字，先是教他读唐代诗人周朴、郑谷及当时的九僧诗。尽管欧阳修对这些诗一知半解，却增强了他对读书的兴趣。眼看欧阳修就到上学的年龄了，郑氏一心想让儿子读书，可是家里穷，买不起纸笔。有一次，她看到屋前的池塘边长着荻草，突发奇想，用这些荻草秆在地上写字不是也很好吗？于是她用荻草秆当笔，铺沙当纸，开始教欧阳修练字。欧阳修跟随母亲的教导，在地上一笔一画地练习写字，反反复复地练，错了再写，直到写对写工整为止，一丝不苟。这就是后人传为佳话的“画荻教子”。

母亲为欧阳修的出众才学而高兴，但她希望儿子不仅文学成就出众，为人做事也要对得起自己的良心。欧阳修的父亲生前曾在道州、泰州做过管理行政事务和司法的小官。他关心民间疾苦，正直廉洁，为百姓所爱戴。欧阳修长大做了官以后，母亲还经常不断地将他父亲为官的事迹讲给他听。她对儿子说：“你父亲做司法官的时候，常在夜间处理案件，对于涉及平民百姓的案宗，他都十分慎重，翻来覆去地看。凡是能够从轻的，都从轻判处；而对于那些实在不能从轻的，往往深表同情，叹息不止。”她还说：“你父亲做官，廉洁奉公，不谋私利，而且经常以财物接济别人，喜欢交结宾朋。他常常说不要把金钱变成累赘。所以他去世后，没有留下一间房、一垄地。”她告诫儿子：“对于父母的奉养不一定要十分丰盛，重要的是要有一片孝心。自己的财物虽然不能布施到穷人身上，但一定是心存仁义。我没有能力教导你，只要你能记住你父亲的教诲，我就放心了。”

三、现实意义

“孝女、贤妻、良母”是形成于以农耕文明为基础的、以“男主外，女主内”“男耕女织”为基本性别分工的传统社会的概念，是传统社会中对女性所扮演家庭角色的期待，现在社会已经进入到后工业时代的信息社会，社会条件发生了变化，要对传统文化语境中的“孝女、贤妻、良母”进行创造性转化和创新性发展，赋予传统文化语境中的“孝女、贤妻、良母”以新的时代内涵，融入男女平等的文化元素。

习近平总书记指出：“必须坚持男女平等基本国策，充分发挥我国妇女伟大作用。”“促进男女平等，发挥妇女在各个方面的积极作用，组织动员妇女走在时代前列，在改革发展稳定第一线建功立业。”“要注重发挥妇女在弘扬中华民族家庭美德、树立良好家风方面的独特作用，这关系到家庭和睦，关系到社会和谐，关系到下一代健康成长。”“做好家庭工作，发挥妇女在社会生活和家庭生活中的独特作用，是妇联组织服务大局、服务妇女的重要着力点。要注重家庭、注重家教、注重家风，认真研究家庭领域出现的新情况新问题，把推进家庭工作作为一项长期任务抓实抓好。要坚持以社会主义核心价值观为统领，引导妇女既要爱小家，也要爱国家，带领家庭成员共同升华爱国爱家的家国情怀、建设相亲相爱的家庭关系、弘扬向上向善的家庭美德、体现共建共享的家庭追求，在促进家庭和睦、亲人相爱、下一代健康成长、老年人老有所养等方面发挥优势、担起责任。要引导妇女带动家庭成员，发扬尊老爱幼、男女平等、夫妻和睦、勤俭持家、邻里团结等中华民族传统美德，抵制歪风邪气，弘扬清风正气，以好的家风支撑起好的社会风气。要帮助妇女处理好家庭和工作的关系，做对社会有责任、对家庭有贡献的新时代女性。”

中国是以家庭本位为基础的、家国同构的社会，“修身”是“齐家”的根本，“齐家”是“治国”的根本。在家庭生活中，

“修身”首先就是要扮演好自己的家庭角色，扮演好家庭角色不但对家庭和睦有重要意义，而且对于国家发展、社会和谐也有重要意义。在以农耕文明为基础的传统社会，“男主外，女主内”“男耕女织”是一种理想化的性别分工，在这种分工模式中，女性要扮演好相应的家庭角色，因此，“孝女、贤妻、良母”既是对女性扮演好家庭角色的期待，又蕴含着对女性扮演好社会角色，为国家作贡献的期待。“孝女、贤妻、良母”这些理想化的家庭角色浸润着浓浓的家国情怀。在历史上，有许多杰出的女性既在家庭中成功地扮演了自己的角色，又在文学、军事、艺术等许多领域有所建树，为社会发展作出了贡献，她们通过各种不同的方式表达着强烈的爱国主义情怀和爱国主义精神。这既有她们自己努力的因素，也有家庭教育的影响。对于新时代妇女发展而言，这是一笔宝贵的精神财富。

无论家庭形态、家庭结构发生什么样的变化，只要有家庭存在，家庭成员都要扮演好自己的角色，对于女性而言，就要扮演好“孝女、贤妻、良母”的家庭角色；对于男性而言，就要扮演好“孝子、贤夫、慈父”的家庭角色。现代社会已经进入信息化时代，社会条件发生了变化，传统文化语境中的家庭角色都被赋予了新的时代内涵，“孝女、贤妻、良母”融入了以男女平等为核心的社会主义先进文化元素。因此，既要坚持男女平等基本国策，发挥妇女在各个方面的积极作用，又要注重发挥妇女在社会生活和家庭生活中的独特作用，发挥妇女在弘扬中华民族家庭美德、树立良好家风方面的独特作用。

本节小结

中国历史上出现了许多具有强烈爱国主义精神和爱国主义情怀的女性，她们或者是通过诗词歌赋等文学作品表达自己的爱国主义思想和爱国主义情怀；或者是在家庭生活中发挥了独特作用，主导形成了良好的家教、家风，为国家培养出栋梁之材，浓浓的家国情怀在她们身上得到了很好的体现。中国古代女性身上所表现出的这些优良品质，是新时代妇女发展的宝贵财富，具有重要的现实意义。

第五章

弘扬中华优秀传统文化，促进新时代妇女发展

近代以来，一直存在着一个认识上的误区，即认为传统文化是妇女发展、妇女解放和男女平等的障碍。吸收中华优秀传统文化中有助于新时代妇女发展的思想元素和文化因子，首先，要走出认识上的误区；其次，要落到实处，即在实践层面如何弘扬中华优秀传统文化，促进新时代妇女发展。

第一节　走出“传统文化是妇女发展障碍”的认识误区

近代以来，把传统文化置于男女平等、妇女发展和妇女解放的对立面，批判传统文化并彻底清除传统文化的影响成为实现男女平等、妇女发展和妇女解放的前提条件。以至于一直以来存在着这样一种思维定式，一提传统文化就会自然而然地想到“三从四德”“男尊女卑”“女子无才便是德”“兄弟如手足，妻子如衣服”“不孝有三，无后为大”等这些耳熟能详的话语，似乎这些就是传统文化，这就是传统文化歧视女性的证明。不能否认，传统文化中确实存在着一些不合时宜的思想，毕竟时代在发展，传统社会中形成的文化肯定有一些内容不符合现代社会发展的需要，但是因此而否定传统文化中的精华也是不正确的。因为传统文化是历史的积淀，凝结着中华民族的智慧，并形成了自己独特的文化气质，其中有一些内容是超越时空、超越民族、超越国家的，已经成为人类的宝贵精神财富。所以，要坚持历史唯物主义，反对历史虚无主义，坚定文化自信，弘扬中华优秀传统文化，对传统文化进行创造性转化和创新性发展，取其精华，去其糟粕，古为今用，“执古之道，以御今之有”。文化是民族的血脉，人民的精神家园。传统文化中一定蕴含着有利于实现男女平等、促进妇女发展和妇女解放的文化因子和思想元素。因此，弘扬中华优秀传统文化，实现男女平等，促进妇女发展和妇女解放是一个有时代价值的课题。

一、产生认识误区的原因

为什么会出现把传统文化与男女平等和妇女解放、妇女发展对立起来的问题呢？这是有历史原因的。鸦片战争以后，中国沦为半殖民地半封建社会，中国先进的知识分子在救亡图存的过程中，先后把中国落后挨打的原因归结为器物的落后、制度的落后，最后归结为文化的落后，以儒家文化为代表的中国传统文化被批判和否定，以西方“先进”文化取而代之，文化自信失落，崇洋媚外之风渐起。由于受激烈的民族主义情绪的影响，在中国社会转型和文化转型的过程中，把中国传统文化置于西方文化的对立面，并武断地贴上了先进与落后的标签，中西方文化没有进行平等的对话，更谈不上两种文化优势互补的问题了。在近代中国社会与文化转型的过程中，妇女问题也成了一个焦点问题。女子占中国人口的50%，不读书，不劳动，“无故自弃其半于无用，欲争雄于泰西，其可得乎？”为了富国强兵，女子要像男子一样接受学校教育。男女要平等，妇女要解放，妇女要发展，中国传统的女子教育被否定，认为中国传统女子教育培养的是贤妻良母，把贤妻良母置于男女平等、妇女解放、妇女发展的对立面，贤妻良母作为传统女子教育的代名词而被批判，而西方女性主义所提出的男女平等、妇女发展、妇女解放等主张为批判提供了理论根据。源于西方文化语境中的女性主义无视中国传统文化的独特气质，在对中国传统文化缺乏深入研究的基础上，武断地把以儒家文化为代表的中国传统文化理解为带有性别歧视性的文化而予以批判。因此，很容易得出这样的结论，无论就社会发展的层面还是就妇女发展的层面而言，传统文化是应该被批判的。

由于思维的惯性，时至今日，在对传统文化价值的评判上依然存在着以时代判断替代历史判断的问题，这样很容易把传统文化视为糟粕，而看不到其可取之处。著名历史学家钱穆先生在《中国历代政治得失》这本书中有一段精辟的论述："我们此刻要讨论历史制度，全该注意当时的历史传统与当时人的历史意见，作为主要之参考。不该用我们的时代意见来抹杀当时的历史意见，这才是正办呀！"

为了批判的需要，断章取义式的解读成为一种惯用的手法。例如，经常引用孟子的"不孝有三，无后为大"来说明儒家对女性的不友好，把"后"解读为生育后代的意思。这种解读是断章取义式的，如果把这句话放在《孟子》的原话中，结合上下文来理解，发现根本不是这个意思。《孟子》中的原文是这样的，"不孝有三，无后为大。舜不告而娶，为无后也。君子以为犹告也"。在这样的语境中很容易发现，孟子所说的"后"显然不是指生育后代的意思，而是指尽到后代的责任的意思。对孟子这句话的误读和曲解是有一定历史原因的，早在汉代，赵岐对《孟子》中的"不孝有三，无后为大"这句话作过注，"于礼有不孝者三事：谓阿意曲从，陷亲不义，一不孝也；家穷亲老，不为禄仕，二不孝也；不娶无子，绝先祖祀，三不孝也。"赵岐对这句话的注释被当作孟子的原意而被引用。

再例如，"兄弟如手足，妻子如衣服"这句话经常被用来佐证传统文化对妇女的歧视和对妻子的轻视，其实把这句话说完整就发现问题所在了。原话是：“兄弟如手足，妻子如衣服。衣服敝，可再缝，手足折，难再续。”很显然，这句话是说夫妻感情与兄弟感情之间的区别的，却被误读为妻子像衣服一样可以随便抛弃。

二、中华优秀传统文化蕴含着促进新时代妇女发展的思想

中国传统文化中蕴含着丰富的“平等”思想，中国文化语境中的“平等”与人们的生活经验具有高度契合性，是立体的、动态的、具体的平等，而不是线性的、静态的、抽象的平等，更多地侧重人格、道德、尊严等方面的“平等”，具有非常强的可操作性和可实践性。墨家、儒家、道家、法家等学派，以及后来的一些思想家对“平等”都有自己独到的观点，形成了具有中国特色的“平等”思想体系。老子的“天道无亲”，墨子的“兼爱”，儒家的“仁者爱人”等都包含了极其丰富的男女平等思想，东汉时期的民间道教提出了非常素朴的男女平等思想，明代思想家李贽更是举起了男女平等的旗帜。近代以来，由于中西方文化没有进行平等的对话，在西方“平等”理念的观照下，中国传统文化彰显的是落后的专制制度和专制思想，掩盖了其中所蕴含的“平等”思想的光芒，让人感觉不到中国传统文化中“平等”理念的存在。因此，中国传统文化语境中的“平等”思想由于没有得到“现代化”的机会，而依然停留在原有的水平，没有进行符合现代化需要的阐发，而西方文化语境中的“平等”理念

没有根植中国文化的沃土，显得有些“生硬”和“水土不服”，由于缺少对话，两种文化语境中“平等”思想的优势没有得到互补。西方女性主义所提出的男女平等源自西方的“平等”理念，是西方的“平等”理念在性别关系中的体现。西方女性主义提出的实现男女平等的问题是正确的，但是由于“水土不服”，解决中国男女平等问题的方法和策略则是不合适的。在中国，中国特色社会主义妇女发展道路是实现男女平等的正确道路。

中国传统文化中也蕴含着“自强”“自尊”“自立”“自信”的思想，“天行健，君子以自强不息”是何等的“自强”，“饿死不吃嗟来之食，渴死不饮盗泉之水”是何等的“自尊”，“威武不屈、贫贱不移、富贵不淫”是何等的“自立”“自信”。20世纪80年代，全国妇联倡导的“四自”精神是立足于中国特色社会主义妇女运动的伟大实践，针对改革开放时期妇女出现的问题，对传统文化中的“自强”“自尊”“自立”“自信”思想赋予了新的内涵，并进行了创造性转化和创新性发展，对新时期的妇女发展提出了新的要求，成为新时期妇女工作的指导方针。

中国历史上出现了很多杰出女性，她们或者在文学、艺术、书法、军事、纺织等领域作出了突出的贡献，在社会生活中发挥了独特作用，如班昭、左芬、黄道婆、秦良玉等；或者在家庭生活中扮演了成功的角色，在弘扬中华民族家庭美德和树立良好家风中发挥了独特作用，如缇萦勇敢救父，并感召汉文帝废除肉刑，惠及天下百姓，彰显了孝女的风采；乐羊子妻善良贤惠，品德高尚，充满正义感，目光远大，以自己的智慧教化了不求上进的丈夫功成名就，以自己的至诚之心感化了贪图小利而不顾道义的婆婆认识并改正了自己的错误；孟母、陶母、欧母、岳母有着中国“四大名母”之誉，她们在丈夫去世、家境贫寒的情况下，自强不息，克服困难，独自把孩子培养成国家的栋梁之材。“地势坤，君子以厚德载物”是中国伟大母亲自强不息精神的写照。中国历史上的这些杰出女性的事迹彪炳史册，她们的精神融入中华民族的血脉之中，成为中国传统文化的一部分。中国历史不只是帝王将相的历史，不只是书写男性的历史。自《后汉书》之后的史书都专门有《列女传》记载杰出女性的事迹。时至今日，中国历史上的这些杰出女性依然是值得我们学习的。一直以来也存在着这样的困惑，女性在家庭生活中扮演孝女、贤妻、良母的角色与男女平等相矛盾吗？其实，不矛盾，孝女、贤妻、良母是家庭角色的理想型，而不是一种职业。在家庭生活中，无论男女都要扮演好自己的角色，家庭成员相亲相爱，共同克服困难，培育良好的家风，培养良好的家庭美德，建设和谐幸福的家庭。“身修”则“家齐”，“家齐”则“国治”，“国治”则“天下平”。这是中国独有的智慧，是中华优秀传统文化的精髓。

2013年10月，中国妇女第十一次全国代表大会召开，选举产生新一届全国妇联领导班子。习近平总书记在同全国妇联新一届领导班子成员集体谈话时指出：“必须坚持男女平等基本国策，充分发挥我国妇女伟大作用。”“我们党始终坚持把实现妇女解放和发展、实现男女平等写在自己奋斗的旗帜上。”“要注重发挥妇女在弘扬中华民族家庭美德、树立良好家风方面的独特作用，这关系到家庭和睦，关系到社会和谐，关系到下一代健康成长。”在这次大会上，王岐山代表党中央向大会发表了《在中国特色社会主义伟大实践中撑起半边天》的祝词，王岐山在祝词中说，“继续把争取妇女解放和发展、实现男女平等作为重要奋斗目标，积极为妇女平等依法行使民主权利、平等参与经济社会发展、平等享有改革发展成果创造条件。”“慈母、孝女、贤妻对促进家庭和美、社会和谐发挥着不可替代的作用。”2018年10月，中国妇女第十二次全国代表大会召开，选举产生新一届全国妇联领导班子，习近平总书记在同全国妇联新一届领导班子成员集体谈话时指出：“促进男女平等，发挥妇女在各个方面的积极作用，组织动员妇女走在时代前列，在改革发展稳定第一线建功立业。”“做好家庭工作，发挥妇女在社会生活和家庭生活中的独特作用，是妇联组织服务大局、服务妇女的重要着力点。”

文化是民族的血脉，人民的精神家园。没有中华民族优秀传统文化的复兴，就没有中华民族的复兴。坚定文化自信，复兴和弘扬中华优秀传统文化，增强文化软实力，实现中华民族的伟大复兴。实现中华民族的伟大复兴，是中华民族近代以来最伟大的梦想，也是当代妇女运动的时代主题。把传统文化置于男女平等、妇女发展和妇女解放的对立面是错误的，中国传统文化中蕴含着丰富的有助于新时代妇女发展的思想元素，弘扬中华优秀传统文化，对传统文化进行创造性转化和创新性发展，吸收中华优秀传统文化中有助于新时代妇女发展的积极元素，坚持走中国特色社会主义妇女发展道路。

本节小结

近代以来，把传统文化置于男女平等、妇女发展和妇女解放的对立面，批判传统文化并彻底清除传统文化的影响成为实现男女平等、妇女发展和妇女解放的前提条件。由于对传统文化的曲解和误读，误认为传统文化是妇女发展障碍，其中既有历史原因，也有思维方法方面的原因。中华优秀传统文化中蕴含着丰富的促进新时代妇女发展的思想。弘扬中华优秀传统文化，对传统文化进行创造性转化和创新性发展，吸收中华优秀传统文化中有助于新时代妇女发展的积极元素，坚持走中国特色社会主义妇女发展道路。

第二节　弘扬中华优秀传统文化，促进妇女发展

如何通过弘扬中华优秀传统文化促进新时代妇女发展呢？从根本上说，中国特色社会主义妇女发展道路是中国妇女发展的唯一正确的道路。具体来说，除了要走出认识误区，还要在实践中贯彻落实好党的路线方针政策。第一，要认真贯彻落实党和国家关于弘扬中华优秀传统文化的方针和政策，认真贯彻落实党和国家保障和促进妇女发展的各项方针政策、法律法规。第二，要发挥各级妇联组织在传承和弘扬中华优秀传统文化中的重要作用，使广大妇女群众成为学习、传承和弘扬中华优秀传统文化的主力军，在学习、传承与弘扬中华优秀传统文化中实现和完善妇女的自我发展。第三，要充分发挥各级各类学校在传承和弘扬中华优秀传统文化中的主阵地作用和课堂教学的主渠道作用。第四，充分发挥家庭在传承和弘扬中华优秀传统文化中的重要作用。

一、认真落实党和国家的方针政策

党和国家非常重视妇女发展，自1995年开始连续颁布实施了三个周期的《中国妇女发展纲要》。《中国妇女发展纲要（2011–

2020年）》明确了妇女发展包括妇女与健康、妇女与教育、妇女与经济、妇女参与决策和管理、妇女与社会保障、妇女与环境、妇女与法律七个领域。就妇女与教育领域而言，其主要目标是教育工作全面贯彻性别平等原则，女童平等接受学前教育，女童平等接受九年义务教育，消除女童辍学现象，女性平等接受高中阶段教育，女性平等接受高等教育，高等学校在校生中男女比例保持均衡，高等学校女性学课程普及程度提高，提高女性接受职业学校教育和职业培训的比例，性别平等原则和理念在各级各类教育课程标准及教学过程中得到充分体现。《纲要》并没有明确提出妇女与中华优秀传统文化教育的问题，但是通过落实《完善中华优秀传统文化教育指导纲要》和《关于实施中华优秀传统文化传承发展工程的意见》，“分学段有序推进中华优秀传统文化教育”，“把中华优秀传统文化教育系统融入课程和教材体系”，“着力增强中华优秀传统文化教育的多元支撑”，“充分发挥家庭在中华传统文化教育中的重要作用”，“倡导家长通过言传身教，形成爱国守法、遵守公德、珍视亲情、勤俭持家、邻里和睦的良好家风，营造弘扬中华优秀传统文化的家庭教育氛围”。“注重实践与养成、需求与供给、形式与内容相结合，把中华优秀传统文化内涵更好更多地融入生产生活各方面”。把弘扬中华优秀传统文化与新时代妇女发展有机融合在一起。

二、发挥妇联组织传承和弘扬中华优秀传统文化的重要作用

中国共产党是中华优秀传统文化的忠实继承者和弘扬者，妇

联组织是党和政府联系妇女群众的桥梁纽带，是国家政权的重要社会支柱，是党开展妇女工作最可靠、最有力的助手，担负着传承和弘扬中华优秀传统文化的责任和使命。《中华全国妇女联合会章程》对妇联组织的任务做了明确的规定，妇联组织的任务是教育引导妇女树立自尊、自信、自立、自强的精神，提高综合素质，实现全面发展，教育引导妇女践行社会主义核心价值观，弘扬中华优秀传统文化，组织开展家庭文明创建，支持服务家庭教育，传承中华民族家庭美德，树立良好家风，推动形成家庭文明新风尚。

习近平总书记强调，妇联组织要引导妇女增强中国特色社会主义道路自信、理论自信、制度自信、文化自信。中华优秀传统文化是文化自信的重要来源，坚定文化自信就要学习、传承和弘扬中华优秀传统文化，激发对中华优秀传统文化的历史自豪感。各级妇联组织要发挥在传承与弘扬中华优秀传统文化中的重要作用，组织妇女群众学习中华优秀传统文化，坚定道路自信、理论自信、制度自信和文化自信，牢固树立“四个意识”，增进对党的基本理论、基本路线、基本方略的政治认同、思想认同、情感认同，坚持中国特色社会主义妇女发展道路，推动妇女和经济社会同步发展。

妇联组织如何在传承和弘扬中华优秀传统文化中发挥重要作用？

第一，妇联组织要坚持以唯物史观为指导，坚持文化自信，唯物辩证地看待中国传统文化，走出把传统文化与妇女发展对立起来的认识误区，增强传承和弘扬中华优秀传统文化的自觉性，结合妇联工作的实际和新时代中国妇女发展的实际状况，对中国传统文化进行创造性转化和创新性发展，在中国传统文化这个丰富的文化宝库中汲取有助于新时代妇女发展的精神力量和思想文化资源，丰富和发展马克思主义妇女理论，实现马克思主义妇女理论中国化，向世界妇女发展贡献中国智慧，向世界讲好中国妇女发展的故事。

第二，妇联组织要充分发挥自己的优势，做好家庭工作，把家庭工作与中华优秀传统文化教育有机结合起来。家庭是妇联组织的传统工作领域和优势工作领域，妇联组织要充分发挥自己的优势，以家庭为主阵地，以妇女为主体，把传承和弘扬中华优秀传统文化与评选五好文明家庭、绿色家庭、廉洁家庭等活动结合起来，通过这些活动带动在家庭中学习中华优秀传统文化，既要充分发挥家庭在中华优秀传统文化传承、弘扬中的重要作用，又要充分发挥中华优秀传统文化在家庭文明建设中的重要作用。提高妇女的传统文化素养，提高妇女教育孩子的能力，提高妇女家庭建设的能力，更好地发挥妇女在社会生活和家庭生活中的独特作用，发挥妇女在弘扬中华民族家庭美德和树立良好家风中的独特作用，形成家庭文明新风尚。

第三，妇联组织要把传承和弘扬中华优秀传统文化与贯彻落实男女平等基本国策结合起来。传承和弘扬中华优秀传统文化与落实男女平等基本国策是相辅相成、相互促进的，中华优秀传统文化中蕴含着丰富的男女平等思想，中华优秀传统文化是男女平等基本国策形成的历史文化基础，男女平等基本国策承载着厚重的历史文化，只有在中国文化语境中才能深刻理解男女平等基本国策的内涵。妇联组织要发挥自己的组织优势，在积极推进男女平等基本国策的过程中，以男女平等基本国策为载体，传承和弘扬中华优秀传统文化，在这个过程中把男女平等基本国策落到实处。

第四，妇联组织要把传承和弘扬中华优秀传统文化与弘扬“四自”精神结合起来。“四自”精神根植于中华优秀传统文化的沃土，中华优秀传统文化中蕴含着“四自”精神的因子，“四自”精神凝聚着中华优秀传统文化的精髓，传承和弘扬中华优秀传统文化与弘扬“四自”精神是相得益彰的，妇联组织要引导广大妇女在弘扬中华优秀传统文化的过程中自觉弘扬和践行“四自”精神，在弘扬“四自”精神的过程中自觉传承和弘扬中华优秀传统文化。妇联组织要引导广大妇女发扬爱国奉献精神，发扬“四自”精神，以行动建功新时代，在祖国改革发展的伟大事业中实现自身发展。

第五，妇联组织要把传承和弘扬中华优秀传统文化与培育践行社会主义核心价值观结合起来。中华优秀传统文化是社会主义核心价值观的根和源，社会主义核心价值观体现了中华优秀传统文化的精神内涵。妇联组织要坚持以社会主义核心价值观为统领，引导广大妇女积极践行社会主义核心价值观，发挥妇女在家庭生活和社会生活中的独特作用，紧密结合培育和弘扬社会主义核心价值观，发扬光大中华民族传统家庭美德，弘扬中华优秀传统文化。

三、发挥教育在传承和弘扬中华优秀传统文化中的重要作用

党的十八大报告首次把“立德树人”明确为教育的根本任务，

党的十九大报告提出“落实立德树人根本任务”。“立德树人”所“立”的是崇真向善之德，所“树”的是全面发展的社会主义建设事业的接班人，是坚持中国特色社会主义妇女发展道路的人。中华优秀传统文化中蕴含着滋养立德树人的智慧，立德树人必须从中华优秀传统文化中汲取精神营养。充分发挥学校的主阵地作用和课堂教学的主渠道作用，加强中华优秀传统文化教育，是培育和践行社会主义核心价值观，落实立德树人根本任务的重要基础。

《完善中华优秀传统文化教育指导纲要》提出要“分学段有序推进中华优秀传统文化教育”。“小学低年级，以培育学生对中华优秀传统文化的亲切感为重点，开展启蒙教育，培养学生热爱中华优秀传统文化的感情”；“小学高年级，以提高学生对中华优秀传统文化的感受力为重点，开展认知教育，了解中华优秀传统文化的丰富多彩”；“初中阶段，以增强学生对中华优秀传统文化的理解力为重点，提高对中华优秀传统文化的认同度”；“高中阶段，以增强学生对中华优秀传统文化的理性认识为重点，引导学生感悟中华优秀传统文化的精神内涵，增强学生对中华优秀传统文化的自信心”；“大学阶段，以提高学生对中华优秀传统文化的自主学习和探究能力为重点，培养学生的文化创新意识，增强学生传承弘扬中华优秀传统文化的责任感和使命感”。

把中华优秀传统文化教育系统融入课程和教材体系，“在课程建设和课程标准修订中强化中华优秀传统文化内容”，“修订相关教材和组织编写中华优秀传统文化普及读物”，“充分发挥中小学德育课和高校思想政治理论课的重要作用”。全面提升中华优秀传统文化教育的师资队伍水平，完善中华优秀传统文化教育的评价和督导机制。

在学校教育和课堂教学中，要把中华优秀传统文化教育与男女平等教育相结合。中华优秀传统文化是中华民族的“根”和“魂”，中华优秀传统文化中蕴含着丰富的男女平等思想，把中华优秀传统文化教育与男女平等教育有机结合起来，两者相得益彰，相互增益，既有利于传承和弘扬中华优秀传统文化，又有利于落实男女平等基本国策，促进妇女发展。

四、发挥家庭在传承和弘扬中华优秀传统文化中的重要作用

中国是一个家庭本位的社会，重视家庭是中华民族的优良传统，在长期的历史发展中所形成的以家训、家风、家庭美德等形式表现出来的家庭文化，是中华优秀传统文化的重要组成部分。家庭是传承和弘扬中华优秀传统文化的重要载体。中华优秀传统文化形塑着家庭的特质，影响着家庭成员的精神风貌，是家庭精神文明建设的重要文化资源。家庭建设与弘扬中华优秀传统文化是相得益彰的，弘扬中华优秀传统文化有益于新时代家庭建设，新时代家庭建设有助于弘扬中华优秀传统文化。《完善中华优秀传统文化教育指导纲要》指出：“充分发挥家庭在中华传统文化教育中的重要作用。要重视发挥中小学家长委员会以及各级各类家长学校、家庭教育指导机构、校外活动场所的作用，把学校教育与家庭教育紧密结合起来，积极组织开展学生和家长共同参与的传统文化体验、主题教育实践活动、志愿者服务和公益性活

动，践行中华优秀传统美德，弘扬中华优秀传统文化。”

如何充分发挥家庭在弘扬中华优秀传统文化中的重要作用？

第一，要“注重家庭”，注重发挥家庭应有的功能和作用。充分认识家庭在弘扬中华优秀传统文化中的重要作用，只有这样，才能增强在家庭中弘扬中华优秀传统文化的自觉意识，增强家庭责任意识，把弘扬中华优秀传统文化落到实处，促进家庭文明建设，使家庭成为国家发展、民族进步、社会和谐的重要基点。

第二，要“注重家教”，注重发挥家庭特有的教育功能。家庭是以血缘、姻缘、亲缘为纽带连接起来的社会初级群体，绝大多数人都生活在家庭中，家庭是生活的重要依托，家庭的社会功能和文明作用是不可替代的。家庭是孩子社会化的重要场所，具有学校教育所不可替代的功能，家庭是人生的第一个课堂，父母是孩子的第一任老师。父母的言行都是重要的家庭教育资源，对孩子发生潜移默化的影响，父母要随时做好教育引导工作，注意观察孩子的思想动态和行为变化，时时处处给孩子做榜样，用正确思想、正确行动、正确方法教育引导孩子。重视对孩子的品德教育，要善于从点滴小事中教孩子学会做人，学会做事，帮助孩子扣好人生的第一粒扣子，迈好人生的第一个台阶。把美好的道德观念传递给孩子，帮助孩子形成美好心灵，引导孩子有做人的气节和骨气，促使孩子健康成长，引导孩子热爱党、热爱祖国、热爱人民、热爱中华民族，把个人梦想、家庭梦想融入到实现中华民族伟大复兴的中国梦之中，成为对国家、对民族有用的人。

要充分发挥家庭在弘扬中华优秀传统文化中的重要作用，父母不但要自觉主动地学习中华优秀传统文化，提高自身的文化素养，而且要以身作则，教育引导孩子学习中华优秀传统文化，营造弘扬中华优秀传统文化的家庭教育氛围。在家庭教育中，要把传承和弘扬中华优秀传统文化与培育践行社会主义核心价值观结合起来，要把传承和弘扬中华优秀传统文化与落实男女平等基本国策结合起来，要把传承和弘扬中华优秀传统文化与学习贯彻落实《新时代公民道德建设纲要》和《新时代爱国主义实施纲要》结合起来，通过言传身教，形成爱国守法、遵守公德、珍视亲情、勤俭持家、男女平等、尊老爱幼、邻里和睦的良好家风。

第三，要“注重家风”，注重发挥家风潜移默化的教育作用。家风是一个家庭精神风貌和家庭成员道德状况的反映，家风是一个无形的教育“场域”，对家庭成员，特别是对孩子良好道德品质的养成，正确的世界观、价值观和人生观的形成有着重要的影响。良好家风的形成是家庭成员共同努力的结果，也是几代人努力积淀而成的结果。良好家风与传承和弘扬中华优秀传统文化是相得益彰、相辅相成的，良好的家风作为家庭文化的组成部分是中华优秀传统文化的重要内容，它本身就是中华优秀传统文化在家庭生活中的具体体现，在家庭中自觉地传承和弘扬中华优秀传统文化有益于良好家风的形成。一个家风良好的家庭更容易对中华优秀传统文化产生认同感，更容易体悟到中华优秀传统文化对家庭建设、家庭和谐、孩子健康成长的重要作用，更容易传承和弘扬中华优秀传统文化。

第四，要“注重发挥妇女在家庭生活中的独特作用”，充分发挥妇女在传承和弘扬中华优秀传统文化中的主体地位。妇女在家庭生活中的独特作用有诸多方面，妇女在弘扬中华民族家庭美德和树立良好家风方面的独特作用是最主要的方面。要发挥好妇女在弘扬中华民族家庭美德和树立良好家风方面的独特作用，就要充分发挥妇女在传承和弘扬中华优秀传统文化中的主体地位，走出传统文化是妇女发展障碍的认识误区，走出扮演好家庭角色是妇女发展障碍的认识误区，走出扮演好家庭角色与男女平等基本国策相违背的认识误区，主动自觉地学习中华优秀传统文化，学习和践行中华优秀家庭美德，从中华优秀传统文化中汲取自我发展的文化资源和精神力量，从中华优秀传统文化中汲取处理家庭关系的智慧、教育孩子的智慧、为人处世的智慧。把传承和弘扬中华优秀传统文化与践行弘扬“四自”精神结合起来，把传承和弘扬中华优秀传统文化与落实男女平等基本国策结合起来，把传承和弘扬中华优秀传统文化与培育践行社会主义核心价值观结合起来，把爱家与爱国统一起来，带领家庭成员共同升华爱国爱家的家国情怀、建设相亲相爱的家庭关系、弘扬向上向善的家庭美德、体现共建共享的家庭追求，既发挥妇女在家庭生活中的独特作用，又发挥妇女在社会生活中的独特作用，做对社会有责任、对家庭有贡献的新时代女性。

本节小结

从根本上说，中国特色社会主义妇女发展道路是中国妇女发展的唯一正确的道路。具体来说，除了要走出认识误区，还要在实践中贯彻落实好党的路线方针政策，充分发挥各级妇联组织在传承和弘扬中华优秀传统文化中的重要作用，充分发挥各级各类学校在传承和弘扬中华优秀传统文化中的主阵地作用和课堂教学的主渠道作用，充分发挥家庭在传承和弘扬中华优秀传统文化中的重要作用。

结 语

党和国家非常重视妇女发展问题。国家相继制定实施了妇女权益保障法等一系列的法律规章制度，保障妇女的合法权益，促进妇女发展；制定了《中国妇女发展纲要》作为妇女发展的指导性文件，明确了妇女发展的指导思想和基本原则、总目标、发展领域、主要目标和策略措施、组织实施、监测评估等。妇女在健康、教育、参与管理与决策、社会保障、环境、法律等几个方面都得到发展。在党的领导下，新中国成立70多年来，中国妇女发展事业取得了举世瞩目的历史性成就。

中国妇女发展的历程是同国家发展进步的历程紧密结合在一起的，中国妇女事业的发展离不开中华民族的伟大复兴。文化是民族的血脉，是人民的精神家园。文化自信是更基本、更深层、更持久的力量。中华民族的伟大复兴，离不开中华优秀传统文化的复兴，中华民族伟大复兴需要以中华文化发展繁荣为条件。坚定文化自信，复兴中华优秀传统文化，增强文化软实力，建设文化强国，是中华民族伟大复兴的精神动力。实现中华民族的伟大复兴，是近代以来中国人民最伟大的梦想，也是当代中国妇女运动的时代主题。弘扬中华优秀传统文化，坚定不移地走中国特色社会主义妇女发展道路，使妇女发展具有更丰富的时代内涵。

中国传统文化中有着丰富的平等思想，也蕴含着丰富的男女平等思想。中国文化语境中的平等是立体的、动态的、具体的，并且与生活逻辑和生活经验具有高度契合性的平等，墨家、儒家、道家、法家等学派，以及后来的一些思想家对“平等”都有自己独到的观点，形成了具有中国特色的“平等”的思想体系。中国文化语境中的“平等”更多地侧重人格、道德、尊严等方面的“平等”，具有非常强的可操作性和可实践性。例如，儒家提倡的“仁”就包含着非常丰富的、多维度的“平等”思想，《论语》中对“仁”做了非常详细具体的阐释，“仁者爱人”“己所不欲，勿施于人”“己欲立而立人，己欲达而达人”，这是一种基于人本主义立场上的主体间性思维，是一种以良知为基点的、每个人随时随地都可做到的“平等”，无论你地位高或低，无论你是富贵或贫贱，无论你是男或女，在你和与你互动的对象心目中都应当是没有区别的，彼此的心目中都是和自己一样的值得“爱”和“尊重”的“平等”的“人”，自己不想做的事情就不要求别人去做，自己想要发达也要别人发达，男人和女人一样都是人，要平等对待。近代以来，随着中国社会的转型，基于富国强兵的良好愿望，把中国的落后最终归结为文化的落后，传统文化被批判，文化自信失落，中国传统文化中所包含的“平等”思想没有被传承下来。西方文化被认为是先进的，来自西方文化语境中的“平等”被认为是一种先进的思想理念而被宣扬，中西方文化中的“平等”思想没有能够实现对话，以至于中国传统文化语境中的“平等”没有现代化，而西方文化语境中的“平等”没有中国化，更没有实现两种文化语境中“平等”思想的优势互补。来自西方文化语境中的女性主义提出男女平等的奋斗目标，并武断地把以儒家文化为代表的中国传统文化视为存在着性别歧视的文化，而没有发现中国传统文化中所蕴含的丰富的、以中国话语表达的男女平等思想，女性主义提出的男女平等的奋斗目标是正确的，但是对中国传统文化的批判以及对中国传统文化中男女平等思想的无视则是错误的。所以，增强文化自信，弘扬中华优秀传统文化，实现中华优秀传统文化与西方文化的良好对话，实现中华优秀传统文化，特别是儒家文化与女性主义的对话，对于更好地落实男女平等基本国策，促进妇女发展具有重要的价值和意义。

“四自”精神是全国妇联以马克思主义妇女观为指导，总结中国特色社会主义妇女运动实践的经验，针对妇女发展中出现的新问题而提出的新时期妇女工作的指南。“四自”精神是对中华优秀传统文化中的“自尊”“自信”“自立”“自强”思想的提炼和概括，并融入了时代元素，是新时期女性成功的基石。只有厘清了“四自”精神的历史文化根源和发展脉络，把“四自”精神置于中华优秀传统文化的语境中，才能深刻理解“四自”精神的内涵和价值所在，才能更好地发挥“四自”精神对新时代妇女发展的指导作用，才能更好地为新时代妇女发展提供精神力量。

只有在中华优秀传统文化的语境中，才能很好地理解“发挥妇女在家庭生活和社会生活中的独特作用，发挥妇女在弘扬中华民族传统家庭美德和树立良好家风中的独特作用”的深刻内涵，才能深刻理解发挥妇女的“两个独特”作用与“男女平等”存在着内在的一致性，二者是相得益彰、相互促进的，而不是非此即彼的，也不是对立和冲突的。中国历史上出现了很多杰出女性，她们为社会发展作出了突出的贡献，在社会生活中发挥了独特作用，也有很多女性在家庭中扮演了孝女、贤妻、良母的角色，在弘扬中华民族家庭美德和树立良好家风方面发挥了独特作用。她们的事迹载入史册，她们的形象名垂青史。

中华优秀传统文化是中华民族几千年生产生活智慧的结晶，是一座丰富的思想文化宝库，我们要对传统文化进行创造性转化和创新性发展，汲取有利于新时代妇女发展的思想和文化元素，赋予新时代妇女发展以新的内涵，为新时代妇女发展提供强大的精神力量。

弘扬中华优秀传统文化，坚持中国特色社会主义妇女发展道路，促进新时代妇女发展！

参考文献

[1] 庞朴.儒家辩证法研究 [M] .北京：中华书局，2009.

[2] 韩贺南，张健主编.女性学导论 [M] .北京：教育科学出版社，2005.

[3] 陈晓龙主编.中国传统文化概论 [M] .西安：陕西师范大学出版社，2014.

[4] 张岱年，方克立.中国文化概论 [M] .北京：北京师范大学出版社，2006.

[5] 庄锡昌等.多维视野中的文化理论 [M] .杭州：浙江人民出版社，1987.

[6] 颜吾芟.中国历史文化概论 [M] .北京：清华大学出版社，2006.

[7] 向翔.哲学文化学 [M] .上海：上海科学普及出版社，1997.

[8] 方汉文.西方文化概论 [M] .北京：中国人民大学出版社，2018.

[9] 费孝通.乡土中国生育制度 [M] .北京：北京大学出版社，1998.

[10] 张万红，汪沛，张天德.中国传统文化概论 [M] .北京：北京师范大学出版社，2013.

[11] 王国轩译注.大学 · 中庸 [M] .北京：中华书局，2006.

[12] 张燕婴译注.论语 [M] .北京：中华书局，2006.

[13] 万丽华，蓝旭译注.孟子 [M] .北京：中华书局，2006.

[14] 司马迁著，韩兆琦译注.史记 · 齐太公世家 [M] .北京：中华书局，2008.

[15] 秦晖.传统十论 [M] .北京：人民东方出版传媒，2014.

[16] 王明.太平经合校 [M] .上海：上海中华书局，1960.

[17] 王洲明，徐超校注.贾谊集校注［M］.北京：人民文学出版社，1996.

[18] 张华著，范宁校正.博物志校正［M］.北京：中华书局，1980.

[19] 王利器.颜氏家训集解［M］.上海：上海古籍出版社，1980.

[20] 阮元校刻.十三经注疏（下册）［M］.北京：中华书局，1980.

[21] 常璩.华阳国志，卷一〇（下）［M］.昆明：世界书局，1967.

[22] 苗春德主编.宋代教育［M］.开封：河南大学出版社，1992.

[23] 陶宗仪.南村辍耕录,卷二十四，黄道婆［M］.北京：中华书局，1959.

[24] 郭彧译注.周易［M］.北京：中华书局，2007.

[25] 饶尚宽译注.老子［M］.北京：中华书局，2006年.

[26] 刘向著，绿净译注.古列女传［M］.北京：北京联合出版公司，2015.

[27] 熊贤君.中国女子教育史［M］.太原：山西教育出版社，2009.

[28] 杜维明.二十一世纪的儒学［M］.北京：中华书局，2014.

[29] 钱穆.中国历代政治得失［M］.上海：生活·读书·新知三联书店，2017.

[30] 曾参著，刘兆祥注译.孝经［M］.北京：海潮出版社，2011.

[31] 〔美〕罗莎莉.儒学与女性［M］.丁佳伟，曹秀娟译.南京：江苏人民出版社，2015.

[32] 于光君.儒家的人本主义性别观［J］.中华女子学院学报，2016(5).

[33] 李宗桂.试论中国优秀传统文化的内涵［J］.学术研究，2013(11).

[34] 方达.“平等观念”在先秦儒家中的潜隐［J］.社会科学论

坛，2015(5).

[35] 李传哲.墨子思想中所蕴含的平等精神初探［J］.赤峰学院学报（汉文哲学社会科学版），2019(3).

[36] 马腾，马作武.墨家平等思想探析［J］.法学评论，2014(3).

[37] 王茹俊，李敏.庄子平等思想及其现代价值［J］.文化学刊，2019(2).

[38] 刘立明.儒家经典对平等观念的阐释［J］.名作欣赏，2012 (26).

[39] 谢红星.在不平等中追求正义——儒家“礼治”的另一种解读［J］.华中科技大学学报（社会科学版），2011(3).

[40] 张昊雷.论李贽男女平等观生成的逻辑路径［J］.阜阳师范学院学报（社会科学版），2017(2).

[41] 丁守和.关于传统文化与文化传统的思考［N］.光明日报，1999-10-29(7).

[42] 王志东.中华优秀传统文化是当代中国最深厚的文化软实力［N］.光明日报，2019-1-16(6).

[43] 高文兵.从优秀传统文化中汲取实现中国梦的精神力量［N］.人民日报，2013-7-22(7).